# Edition Versicherungsmagazin

**Reihe herausgegeben von**
Bernhard Rudolf, Springer Fachmedien Wiesbaden GmbH, Wiesbaden,
Deutschland

AF173051

Für Finanzdienstleistungen und Vertrieb

Weitere Bände in der Reihe http://www.springer.com/series/16168

Antonio Sommese · Martin Eberhard

# Finanzberatung für das digitale Zeitalter

Ein praktischer Leitfaden für Finanzmakler

 Springer Gabler

Antonio Sommese
Finanzstrategie Sommese
GmbH & Co. KG
Mainz, Deutschland

Martin Eberhard
Martin Eberhard Investment Services
Augsburg, Deutschland

Edition Versicherungsmagazin
ISBN 978-3-658-28431-2          ISBN 978-3-658-28432-9   (eBook)
https://doi.org/10.1007/978-3-658-28432-9

Die Deutsche Nationalbibliothek verzeichnet diese Publikation in der Deutschen Nationalbibliografie; detaillierte bibliografische Daten sind im Internet über http://dnb.d-nb.de abrufbar.

Planung/Lektorat: Guido Notthoff
Springer Gabler ist ein Imprint der eingetragenen Gesellschaft Springer Fachmedien Wiesbaden GmbH und ist ein Teil von Springer Nature.
Die Anschrift der Gesellschaft ist: Abraham-Lincoln-Str. 46, 65189 Wiesbaden, Germany

# Vorwort

Der Beruf des Finanzmaklers befindet sich seit mehr als einer Dekade in einem massiven Veränderungsprozess. Zu den Triebfedern gehört der Megatrend Digitalisierung, der die gesamte Weltökonomie und auch die Finanzindustrie disruptiv beeinflusst, ebenso wie die Regulierung im Rahmen der europäischen Harmonisierung nationaler Gesetze. Damit einher geht ein sich wandelndes Konsum- und Dienstleistungsverhalten, das ausgehend von der zunehmend größer werdenden Zahl an Digital Natives immer stärker von der digitalen Welt dominiert und von den als innovativ wahrgenommenen Geschäftsmodellen der Finanztechnologieunternehmen befeuert wird. Auf der anderen Seite steigt der Bedarf an professioneller Finanzberatung in einer Zeit der nachhaltigen Verschiebungen ökonomischer Rahmenbedingungen. Ein Beispiel ist das persistente Niedrigzinsniveau und dessen langfristige Auswirkungen auf das Sparverhalten und die Vermögensbildung. Der immense Beratungsbedarf wird verstärkt durch eine niedrige Grundbildung zum Thema Finanzen, das an den meisten deutschen Schulen unverändert stiefmütterlich behandelt wird und eine Rentenlücke, die sich in Deutschland durch unzureichende private Vorsorge zu einer Lawine ausweitet und für zukünftige Generationen zu einer tickenden Zeitbombe wird.

Die Fülle der Veränderungen in relativ kurzer Zeit verunsichert sowohl viele jüngere als auch seit vielen Jahren im Markt agierende Berater, die ihre etablierten Geschäftsmodelle im Anlage- und Versicherungsbereich auf den Prüfstand gestellt sehen. Für beide Gruppen haben wir dieses Buch geschrieben, wobei wir die Begriffe Berater, Vermittler und Makler unabhängig von den unterschiedlichen Definitionen in den Gesetzestexten synonym verwenden. Wo Wandel stattfindet, ergeben sich große Chancen, die es zu nutzen gilt, um sich rechtzeitig und nachhaltig für die Zukunft zu positionieren. Es ist an der Zeit, Finanzberatung über eine systematische Herangehensweise an ihre elementaren Säulen mit neuen

Augen zu sehen und einen Paradigmenwechsel in diesem gesellschaftsfördernden Berufsbild einzuleiten. Wir haben hierzu die besten am Markt verfügbaren Instrumente zur unternehmerischen Steuerung der Geschäftsfelder von unabhängigen Finanzmaklern aus unserer jahrzehntelangen Erfahrung und dem Austausch mit Kollegen zusammengetragen und unter den Anforderungen des Wandels neu geordnet. Entstanden ist ein Buch aus der Praxis für die Praxis, das mit direkt umsetzbaren Erfolgskonzepten Mut machen möchte, den unaufhaltbaren Wandel anzunehmen und ihn mit messbaren Ergebnissen und Freude an der Arbeit mit beratungssuchenden Menschen aktiv zu gestalten.

Erfolg ist planbar! Dieser Grundsatz soll sich am Ende auch für Sie nach dem Durcharbeiten aller Kapitel einstellen. Kern des Buches stellt die sogenannte Roadmap für Finanzmakler dar, eine „Landkarte mit eingebautem Kompass" zu zwölf zentralen Orientierungsfeldern, die mit ihren Stellschrauben das eigene Unternehmen und die Handlungsfelder als Makler in stetiger Weise optimieren. Mit der Roadmap verfügen Sie quasi über den Bauplan, um den Weg vom Vermittler zum Unternehmer zielstrebig und ergebnisorientiert zu beschreiten. Die Resultate werden sich nicht nur monetär, sondern vor allem auch im positivem Feedback der Menschen einstellen, die Ihre Dienstleistung empfangen und Sie mit Ihrem Vertrauen belohnen. Denn Finanzberatung – ob analog oder digital – ist vor allem eins: ein Dienst am Menschen, der das zentrale Grundbedürfnis der finanziellen Sicherheit erfüllt, die wiederum eng mit Wohlergehen und persönlicher Freiheit verknüpft ist.

Wir wünschen Ihnen gutes Gelingen bei der Umsetzung.

Mainz                                                              Antonio Sommese
Augsburg                                                          Martin Eberhard
im Herbst 2019

# Gastvorwort

Albert Einstein wurde nach einer Prüfung von einem Studenten gefragt, warum er die gleichen Prüfungsfragen verwendet hat wie im letzten Jahr. Albert Einstein soll geantwortet haben, dass er jedes Jahr die gleichen Fragen nehmen kann, da sich im Laufe des Jahres die Antworten auf die Fragen verändern.

Gleiches gilt für den Beruf des Finanzdienstleisters. Jedes Jahr verändert sich der Markt. Gesetzliche Bestimmungen ändern sich, es gibt neue Produkte, es entwickeln sich unterschiedliche Trends und das Verhalten der Kunden verändert sich. Darauf hat sich jeder einzustellen und das wird sicherlich auch der Grund sein, warum Sie dieses Buch in den Händen halten.

Drei Gedanken möchte ich mit Ihnen, als Vertriebsspezialist, teilen:

1. Wir alle verlieren Aufträge nicht an bessere Produkte, bessere Unternehmen, bessere Dienstleistung oder bessere Preise. Wir alle verlieren Aufträge an bessere Verkäufer. An Verkäufer, die in der Lage sind, Ihre Leistung besser zu kommunizieren. Das kann man übrigens lernen.
2. Wir verlieren nicht gegen den Wettbewerb. Wir verlieren gegen unsere Unbekanntheit. Denkt Ihr potenzieller Kunde, wenn er an seine Finanzen denkt, an Sie? Denkt der Kunde an Sie persönlich oder an Ihr Unternehmen? Oder fällt ihm kein Name ein und er fragt Google? Sorgen Sie also dafür, dass Sie bekannt sind. Wer Sie nicht kennt, kann bei Ihnen nichts kaufen. Wer Sie nicht kennt, vertraut Ihnen nicht. Vertrauen ist die Grundlage für Ihr Business.
3. Neukunden als „Allheilmittel". Hier liegt ein großer Denkfehler vor. Bei den meisten Kunden ist das Potenzial noch nicht ausgeschöpft. Akquise wird immer anspruchsvoller. Der Gesetzgeber schiebt Regeln vor und die Kunden werden immer skeptischer. Deshalb: Schöpfen Sie zunächst das Potenzial Ihrer Kunden aus. Aktivieren Sie Schlummerkunden. Gewinnen Sie abgesprungene

Kunden zurück und erst danach machen Sie Neukundengewinnung. Wählen Sie kreative Akquisewege. Vergessen Sie die ausgetretenen Pfade.

Ich wünsche Ihnen viel Spaß bei der Lektüre dieses Buches und würde mich freuen, Sie auf einer meiner Veranstaltungen persönlich kennenzulernen. Vorab erhalten Sie gute Ideen für Ihr Business, für Ihren Erfolg auf meinem Podcast und meinem YouTube Channel: http://bit.ly/dirkkreuterpodcast und http://bit.ly/youtubedirkkreuter.

Bochum                                                                                          Dirk Kreuter
Herbst 2019

# Inhaltsverzeichnis

1   Einleitung. . . . . . . . . . . . . . . . . . . . . . . . . . . . . . . . . . . . . . . . .   1

2   Planung . . . . . . . . . . . . . . . . . . . . . . . . . . . . . . . . . . . . . . . . . .   9

3   Positionierung . . . . . . . . . . . . . . . . . . . . . . . . . . . . . . . . . . . . .   17

4   Die Zielgruppe. . . . . . . . . . . . . . . . . . . . . . . . . . . . . . . . . . . . .   29

5   Werbung. . . . . . . . . . . . . . . . . . . . . . . . . . . . . . . . . . . . . . . . . .   39

6   Akquise. . . . . . . . . . . . . . . . . . . . . . . . . . . . . . . . . . . . . . . . . . .   53

7   Beratung und Verkauf . . . . . . . . . . . . . . . . . . . . . . . . . . . . . . .   61

8   Kundenbetreuung . . . . . . . . . . . . . . . . . . . . . . . . . . . . . . . . . . .   73

9   Controlling. . . . . . . . . . . . . . . . . . . . . . . . . . . . . . . . . . . . . . . .   81

10   Referenz und Empfehlung . . . . . . . . . . . . . . . . . . . . . . . . . . . .   85

11   Netzwerkstatt. . . . . . . . . . . . . . . . . . . . . . . . . . . . . . . . . . . . . .   89

12   Ideenschmiede . . . . . . . . . . . . . . . . . . . . . . . . . . . . . . . . . . . . .   93

13   Nachfolgeplanung . . . . . . . . . . . . . . . . . . . . . . . . . . . . . . . . . .   97

14   Bonus: Rechtliche Rahmenbedingungen . . . . . . . . . . . . . . . . . .   105

# Über die Autoren

**Antonio Sommese** ist ehemaliger Banker und arbeitete für verschiedene Finanzinstitute. Er gehört seit vielen Jahren zu den größten freien Finanzmaklern in Deutschland. Mit seinen Finanzratgebern konnte er auch schon tausenden von Anleger wertvolle Tipps für deren Anlageentscheidung geben. Seine Kommentare zum Thema Geld wurden schon mehrfach in der Finanzwelt abgedruckt. Als IHK Prüfer kennt er alle Facetten des Finanzanlagevermittlers. Mit seiner Firma der Finanzstrategie Sommese GmbH & Co. KG verantwortet er Anlagegelder von über 100 Mio. EUR.

**Martin Eberhard** ist Marketing Vorstand bei der Fondskonzept AG in Illertissen. Er berät auch heute noch mit seiner Finanzfirma Fonds für Alle Mandanten zum Thema Geld anlegen. Die Fondskonzept AG hat aktuell über zehn Milliarden Fondsvolumen auf Ihrer Abwicklungsplattform liegen. Herr Eberhard erstellt für die AG Marketing- und Vertriebskonzepte für mehr als 5000 Makler.

**Wo stehen Sie als Finanzmakler heute?**

In Deutschland gibt es 350.000 Versicherungsvermittler und rund 40.000 Finanzanlagenvermittler. Diese vermeintlich großen Zahlen relativieren sich jedoch, wenn man sie in Relation zu den circa 40 Mio. Haushalten in unserem Land setzt. Auf jeden Haushalt kommen somit etwa 0,01 Vermittler. Natürlich, dann wären da noch die Banken und Sparkassen zu nennen. Hörten wir in den vergangenen Jahren nicht oft, ein Grund für die unbefriedigende Ertragslage vieler Geldinstitute sei, dass wir in Deutschland zu viele Banken hätten? „Deutschland ist ‚overbanked‘", lautete häufig die Diagnose. Tatsache ist jedoch, dass sich die Volks- und Raiffeisenbanken sowie die Sparkassen, die in der Vergangenheit immer wieder ihre Präsenz vor Ort als Wettbewerbsvorteil betonten, aus der Fläche zurückziehen. Dieser Trend dürfte sich in den nächsten Jahren im Zuge der Digitalisierung und nullzinsbedingten Ertragsschwäche fortsetzen.

In der Folge sind viele Kunden seit der Jahrtausendwende zu filiallosen Direktbanken gewechselt. Vielfaches Kernargument waren die günstigeren Konditionen im Vergleich zu den höheren Sätzen der Banken, die nicht mehr akzeptiert werden, wenn die Institute in der Fläche nicht mehr präsent sind. Dies ist jedoch nur die halbe Wahrheit. Direktbanken verlangen in der Regel zwar weniger für die bei ihnen dominierenden Standardprodukte, bieten jedoch keine wirkliche Beratung.

Dabei brauchen unsere Kunden mehr Beratung denn je. Das Niedrigzinsumfeld macht den Menschen zu schaffen, während sie gleichzeitig auf riesigen Geldvermögen sitzen, die geradezu danach schreien, angelegt zu werden. Die Zahlen sind unvorstellbar: 2,1 Billionen EUR sind allein bei Versicherungen und Pensionskassen angelegt, weitere 1,9 Billionen EUR schlummern als Spar-, Sicht- und Termineinlagen vor sich hin. Wer ausschließlich auf Zinsprodukte setzt – wie

© Springer Fachmedien Wiesbaden GmbH, ein Teil von Springer Nature 2020
A. Sommese und M. Eberhard, *Finanzberatung für das digitale Zeitalter,* Edition
Versicherungsmagazin, https://doi.org/10.1007/978-3-658-28432-9_1

die meisten Deutschen – kann nur über viele Jahre hinweg eine nennenswerte finanzielle Reserve aufbauen, wenn ihm der Zinseszinseffekt zur Hilfe kommt. Wenn aber keine Zinsen mehr gezahlt werden, dann gibt es logischerweise auch keinen Zinseszinseffekt mehr, der jahrzehntelang der Treibstoff für die Altersvorsorge der Deutschen war. Das Vermögen ist sicherlich da. Es sind mehrere Billionen Euro, die in Deutschland un- oder schlecht verzinst auf Sparkonten liegen. Dies liegt zum großen Teil an zu wenig bekannten Alternativen, die daher besser kommuniziert werden müssen. Kunden orientieren sich immer noch maßgeblich an Zinsprodukten, die sie aus der Vergangenheit kennen, die jedoch aus bekannten Gründen an Attraktivität verloren haben, seien es die Kapitallebensversicherung, das Bausparen oder das Festgeld. Die Folgen sind fatal, denn so wird das Geld völlig unverzinst auf Girokonten liegen gelassen. Es gilt, die Kunden in dieser Situation abzuholen. Dringende nötige Maßnahmen zur Vermögensbildung wurden in den letzten Jahren verschlafen.

Fragen Sie doch Ihre Kunden einmal, mit welcher durchschnittlichen Rente man nach 40 Jahren Erwerbstätigkeit rechnen darf. Die Antwort dürfte jeden nachdenklich stimmen: Es sind 1050 EUR bei Männern und 703 EUR bei Frauen. Dabei bestehen zum Teil erhebliche regionale Unterschiede. Die durchschnittlichen Renten fielen im Jahr 2016 nach Angaben der Deutschen Rentenversicherung am niedrigsten im Berlin aus (vgl. o. V. 2017).

An der prekären Lage für viele deutsche Rentner dürfte sich in den nächsten Jahren nichts ändern – im Gegenteil. Der unabhängige Rentenexperte Holger Balodis warnt: „In den kommenden Jahren wird Altersarmut schleichend zu einem Massenphänomen werden und spätestens ab 2025 wie eine Lawine auf unsere Gesellschaft zurollen" (vgl. Zinsen 2017).

Natürlich ist den meisten Menschen klar, dass sie verlassen sind, wenn sie sich allein auf die staatliche Rente verlassen. Und viele ließen sich in den vergangenen Jahren auch Produkte verkaufen, von denen sie glaubten, damit ein ausreichendes Einkommen nach ihrer aktiven Erwerbstätigkeit sicherzustellen. Es sind mehr Kapitallebensversicherungspolicen im Umlauf als es Einwohner in Deutschland gibt. Hinzu kommen 30 Mio. Bausparverträge und 20 Mio. Riester-Renten-Verträge. Häufig wurden Produkte verkauft und zu wenig auf die individuellen Ziele und Bedürfnisse der Kunden geachtet. Das Motto „One size fits all" gilt aber nicht für die individuell passende Altersversorgung. Das Ganze ist vergleichbar mit der Vorstellung, an einem Bahnhof stünden Passagiere, von denen jeder ein Ticket zu 100 EUR in der Tasche hat. Sie wissen also, dass sie einen Fahrschein haben, haben aber oftmals keinen Schimmer, wohin die Reise geht.

Also: Die Kunden brauchen Sie und Ihre Expertise, um aus diesem Dilemma herauszufinden und im Dschungel unzähliger Angebote und Möglichkeiten Halt und Orientierung zu erleben und einen Menschen an ihrer Seite zu haben, dem sie vertrauen. Tatsächlich aber leidet die Finanzbranche – und zwar Banken ebenso wie freie Finanzberater – noch immer an einem negativen Image. Ein solches Urteil mag ungerecht sein, aber wir müssen die Kunden nun einmal so akzeptieren, wie sie sind. Dieses negative Image wurde durch die Finanz- und Bankenkrise ab dem Jahr 2008 massiv verstärkt und die regelmäßigen Berichte in den Medien über unseriöse Vertriebspraktiken, betrügerische Produktkonstruktionen, Beihilfe zur Steuerhinterziehung, Exzesse bei Incentive-Reisen sowie Kapitalanlagebetrug in Milliardenhöhe tragen sicher nicht dazu bei, diese schlechte Reputation abzubauen.

Umso wichtiger erscheint es, diesem Image mit dem Faktor „Vertrauen" zu begegnen. Finanzberater verkaufen eben keine „haptischen" Produkte, die der Kunde anfassen und im direkten wie im übertragenen Sinne des Wortes „begreifen" kann, sondern ein abstraktes Leistungsversprechen für die Zukunft. Die Abstraktheit unterscheidet Finanzprodukte von häufig emotional aufgeladenen Konsumprodukten. Hinzu kommt die Kompliziertheit vieler Produkte, die nicht nur vom Kunden so empfunden, sondern auch objektiv begründbar ist und vom Gesetzgeber durch die Regulierungsoffensive flankiert wird. Daher wird Vertrauen zum wichtigsten Gut in der Beziehung zwischen Kunden und Finanzberatern. Doch sonderbar, dieses Vertrauen haben sich viele Berater in der Branche über Jahre erarbeitet, sie lassen es jedoch gleichsam in der Schublade liegen, um den nächsten Produkttrends am Markt und dem schnellen Euro zu folgen. Vertrauen ist ein flüchtiges Gut, wie ein altes Sprichwort sagt: Es kommt zu Fuß und geht zu Pferd.

Den Kunden wiederum fehlt oft nicht nur das Vertrauen in den oder die Berater, sondern überwiegend auch die finanzielle Allgemeinbildung, um selbstbestimmt wichtige Entscheidungen treffen zu können. So kommt es zu Fehlentscheidungen, die sich spätestens bemerkbar machen, wenn der Kunde zu der schmerzlichen Erkenntnis gelangt, für seinen Ruhestand nicht ausreichend oder schlichtweg falsch vorgesorgt zu haben. Eine von wechselseitigem Vertrauen getragene Zusammenarbeit wäre indessen eine Win-Win-Situation für alle Beteiligten – für die Kunden wie auch für die Finanzberater.

Um aber für seine Kunden Maßarbeit leisten zu können, braucht der Finanzberater vor allem relevante Informationen zu seinem Kunden. Hier die wichtigsten Fragen im Überblick:

- Welches Vermögensziel möchte der Kunde erreichen?
- Welches Startkapital steht ihm hierfür zur Verfügung?
- Über welches regelmäßige Sparbudget verfügt der Kunde?

- Mit welchem Ertrag der Kapitalanlage rechnet der Kunde?
- Welche Risiken (Arbeitsunfähigkeit, Unfall, Tod) gefährden das Vermögensziel?
- Wie kann ich den Kunden dazu motivieren, sich engagiert mit seinen Finanzen zu beschäftigen?

Vergleicht man die Finanzplanung mit einer Reise, so kann sowohl aufseiten der Berater als auch auf Kundenseite relativ wenig falsch gemacht werden. Letztlich müssen sich beide Seiten dieselben Fragen stellen:

- Was ist mein Ziel?
- Wann will ich ankommen, welche Zwischenziele plane ich ein?
- Welches „Fortbewegungsmittel" eignet sich hierfür?
- Was kann ich mir leisten?

Denken Sie die Beziehung zu Ihren Kunden neu und gehen Sie mit Ihrem Kunden auf eine Reise. Erstellen Sie einen Fahrplan (Finanzplan) für Ihre Mandanten und kommen Sie los von einzelnen Produkten. Diskutieren Sie mit dem Kunden nicht mehr über einzelne Maßnahmen, sondern eher über die finanziellen Ziele.

Das Tagesgeschäft beansprucht Sie so stark, dass Sie sich keine Gedanken um Ihre Zukunft machen können? Sie fühlen sich zu alt für Veränderungen? Alles ist so schlimm geworden? Das haben Sie noch nie so gemacht? Ihre Kunden brauchen das nicht? Dann denken Sie immer an den Satz: Wer etwas will, findet Wege, wer nicht, findet Gründe.

**Der Kompass für Ihren Erfolg: Die Roadmap für Finanzmakler**

Sie sind schon lange recht erfolgreich im Geschäft? Sie verdienen ordentlich und haben einen Kundenkreis, der Ihnen vertraut? Herzlichen Glückwunsch. Dennoch empfehlen wir Ihnen, dieses Buch zu lesen. Wir wollen weder belehren noch bevormunden. Es geht vielmehr darum, Ihnen praxiserprobte Erfolgsrezepte an die Hand zu geben. Ziel ist es, Ihr Unternehmen so auszurichten, dass Sie die gegebenen Rahmenbedingungen von Digitalisierung, Regulierung und soziodemografischem Wandel für sich erfolgreich nutzen können Wir wollen aus unseren langjährigen Erfahrungen Antworten auf wichtige Fragen geben, die im Alltagsgeschäft häufig zu kurz kommen, aber für den nachhaltigen unternehmerischen Erfolg von hoher Relevanz sind. Hierzu haben wir für Sie eine Roadmap mit insgesamt zwölf Handlungsfeldern erarbeitet:

## Planung

- Wie sehen Ihr Leitbild und Ihre Vision aus?
- Wo stehen Sie heute und welche geschäftlichen Ziele verfolgen Sie in den nächsten Jahren?
- Wie lauten Ihre Strategie und Ihr Businessplan?

## Positionierung

- Wo liegen Ihre geschäftlichen Schwerpunkte?
- Wohin entwickelt sich die Branche und wie verändert sich das Verhalten Ihrer Zielgruppe?
- Was unterscheidet Sie von anderen Beratern?

## Ihre Zielgruppe

- Wer kommt für Ihre Dienstleistung und Ihre Produkte infrage?
- Wie erschaffen Sie sich Ihr Kontaktnetzwerk und wie füllen Sie Ihre Akquise-pipeline mit den richtigen Personen?

## Werbung

- Was konkret unternehmen Sie für Ihre Sichtbarkeit und den Vertrauensaufbau zu Ihrer Zielgruppe?
- Wie sieht Ihr Unternehmen aus der Kundenbrille aus?

## Akquise

- Trial and Error oder geplanter Erfolg?
- Haben Sie eine Akquisestrategie, eine Verkaufspipeline und arbeiten Sie mit Verkaufschancen und Marketingkampagnen?

## Beratung und Verkauf

- Wie wird Ihr Kundentermin zum Erlebnis?
- Wie gestalten Sie Ihren Workflow effizient & effektiv und welche technischen Hilfsmittel unterstützen sie dabei?

## Kundenbetreuung

- Wie kombinieren Sie individuellen Service und standardisierte Prozesse für die optimale Betreuung selbst großer Kundenbestände?
- Was liefern Sie, was andere nicht liefern?

## Controlling

- Auf Marktbedingungen schnell reagieren?

- Ziele regelmäßig prüfen und anpassen oder einfach nur Erreichtes bis auf Kundenebene zurückverfolgen?

**Referenz und Empfehlung**
- 1000 Fans bei Facebook oder über 100 Bewertungen auf einem Referenzportal?
- Kunde wirbt Kunde-Programm oder „Dankeschön" für langjährige Kundentreue?

**Netzwerkstatt**
- Müssen Sie wirklich alle Finanzprodukte selbst anbieten oder gibt es in Ihrer Umgebung geeignete Partner?
- Wer passt zu Ihnen und zu wem passen Sie?

**Ideenschmiede**
- Wann planen Sie Ihre „kreative Stunde" für neue Ideen?
- Was können Sie von den Besten lernen, welche Trends gibt es am Markt und was wollten Sie schon immer einmal ausprobieren?

**Nachfolgeplanung**
- Haben Sie eine Exit-Strategie? Wann und wie möchten Sie in den Ruhestand gehen?
- Wie erfolgt die Geschäftsübergabe, was ist Ihr Unternehmen wert und wer kauft es?

Die Roadmap ist als Anleitung für ein methodisches Vorgehen und dynamisches System anzusehen und damit für den Berater Standortbestimmung und Kompass für zukünftige Entwicklungen oder persönliche Veränderungen. Bei konsequenter Anwendung führt der Zwölf-Punkte-Plan zu einer Professionalisierung Ihres Außenauftritts, der Kundenbetreuung und Neukundengewinnung bis hin zur Erschließung von neuen Geschäftsfeldern und dem Ausbau des firmeneigenen Netzwerkes. Von der Planung über die Positionierung bis hin zur Frage „Wer ist meine Zielgruppe und wie erreiche ich diese effizient mit meiner Botschaft?" existiert ein Leitfaden, der es dem Makler ermöglicht, sich kontinuierlich selbstkritisch im Hinblick auf mögliche Defizite zu reflektieren und die Umsetzung definierter Ziele zu hinterfragen. Ziele sind unter anderem eine erfolgreiche Akquise, die effiziente Nutzung der hauseigenen Beratungstechnologie und ein wirksames Controllinginstrument für den Überblick über das eigene unternehmerische Tun und Handeln.

Statt isolierter Maßnahmen der Vertriebsunterstützung kommt es in diesem Modell auf ein integriertes Konzept an, in dem die fachlichen Kompetenzfelder des Beraters mit seinen methodischen und sozialen Schlüsselqualifikationen verbunden werden. Im Mittelpunkt steht der Makler als Unternehmerpersönlichkeit, der neben einem steigenden Einkommen auch eine statusbezogene Aufwertung bei seinen Kunden und höhere Motivation erreichen wird. Beide Punkte sind entscheidend, um den Beruf des Finanzberaters für jüngere Zielgruppen wieder attraktiver zu machen. Gleichzeitig steht die Roadmap als anschauliches Beispiel dafür, wie sich technische, methodische und persönliche Infrastrukturleistungen in einer neuen Finanzarchitektur zur nachhaltigen Stärkung des einzelnen Beraters miteinander verbinden lassen.

Planen Sie Ihre Firma in alle Richtungen und denken Sie dabei an das berühmte Schweizer Taschenmesser.

Kurzum, wir nehmen Sie mit auf eine Reise zum unternehmerischen Erfolg. Sind Sie bereit? Alles klar, dann brechen wir auf.

## Literatur

o. V. (2017). Die große Deutschland-Übersicht: Wo Rentner am meisten bekommen und wo am wenigsten. https://www.focus.de/finanzen/altersvorsorge/rente/grosse-deutschland-uebersicht-wo-rentner-am-meisten-bekommen-und-wo-am-wenigsten_id_7380368.html. Zugegriffen: 26. Nov. 2019.

Zinsen, J. (2017) Rentenexperte Balodis: Unser Rentensystem ist stabil schlecht aufgestellt. https://www.aachener-zeitung.de/politik/rentenexperte balodis unser-rentensystem-ist-stabil-schlecht-aufgestellt_aid-24849753. Zugegriffen: 26. Nov. 2019.

## 2.1 Planung als Kompass des Finanzmaklers

„Fehlplanung ist das, was allzu viele Menschen mit Schicksal verwechseln", lautet eine Weisheit der Socialmediamanagerin Franziska Friedl. Das gilt auch für den Erfolg oder Misserfolg von Finanzmaklern. Es geht um das Thema Planung,

© Springer Fachmedien Wiesbaden GmbH, ein Teil von Springer Nature 2020
A. Sommese und M. Eberhard, *Finanzberatung für das digitale Zeitalter*, Edition
Versicherungsmagazin, https://doi.org/10.1007/978-3-658-28432-9_2

den ersten Komplex unserer Roadmap, die dazu dient, sich zu orientieren und mit dem mitgelieferten Kompass zielsicher den richtigen Weg einzuschlagen. Planung bezeichnet in der Theorie die Analyse zukünftiger Entwicklungen bezüglich bestimmter Ziele (vgl. Gabler Wirtschaftslexikon). Im Fall einer Differenz zwischen der prognostizierten und der vom Entscheidungsträger gewünschten Entwicklung legt Planung die zur Realisierung der Ziele möglichen und/oder erforderlichen Maßnahmen sowie Instrumente fest.

Für Unternehmer und Sie als Finanzdienstleister ist Planung die gedankliche Vorwegnahme zukünftigen Handelns zur Vorbereitung unternehmerischer Entscheidungen. Diese haben in der unternehmerischen Praxis unterschiedliche zeitliche Dimensionen, nämlich lang-, mittel- und kurzfristig. Gute Planung bedeutet daher auch, über das begrenzte Gut Zeit selbstbestimmt verfügen zu können. „Zeit ist Geld", heißt es nicht umsonst. Und Zeit ist kostbar und sie begrenzt, ob private Lebenszeit, Lebensarbeitszeit oder die Zeit, die Sie mit Ihren Kunden verbringen. Also nutzen Sie sie und planen Sie, um das Richtige zur richtigen Zeit mit dem richtigen Maß zu tun.

Doch sind Sie ehrlich zu sich selbst: Wie viel Raum geben Sie der Planung in Ihrem beruflichen (und privaten!) Alltag tatsächlich? Wann haben Sie Ihren letzten Planungsworkshop veranstaltet, Seminare oder Fortbildungen für die fachliche oder persönliche Weiterentwicklung besucht? Wissen Sie, wo Sie heute auf der operativen Ebene stehen? Beim administrierten Kundenbestand? Bei den Einnahmen, die Sie sich vorgenommen haben, ob aus Provisionen oder Servicegebühren, die immer mehr an Bedeutung gewinnen? Wie hoch sind die Abweichungen zwischen Ihrem aktuellen Stand und Ihren Planungen? Wann haben Sie Ihren Plan zuletzt überarbeitet, etwa, weil die Ziele unrealistisch geworden sind oder sich Ihr Geschäftsmodell verschoben hat? Welche Maßnahmen haben Sie eingeleitet, als Sie gemerkt haben, dass Sie die Ziele verfehlen? Wie steht es mit Ihrem Tagesablauf? Planen Sie ihn generalstabsmäßig oder bestimmen am Ende zufällige Ereignisse darüber mit, was Sie tagsüber gemacht haben?

▶    In den Seminaren von Dirk Kreuter („Umsatz-Extrem" und „Systemvertrieb") finden Sie viele praktische Anregungen zum Thema Planung.

Jeder von Ihnen kennt Zeiträuber wie den C-Kunden-Rentner mit 1.000-EUR-Depot, der morgens gerade etwas über ein Unternehmen in der Zeitung gelesen hat, zum Telefon greift und mehr als eine Stunde mit Ihnen über Gott und die Welt spricht, ohne dass sich danach sein Status verändert und Ihr Bestand erhöht. Vielleicht bleibt am Ende ein vages Versprechen, den 50-EUR-Sparplan auf

70 EUR aufzustocken. Der Output dafür steht in keinem Verhältnis zu Ihrem Stundensatz, den Sie für das Gespräch ansetzen müssen.

Vielleicht fühlen Sie sich auch als Opfer des Regulierungsmarathons, den Finanzberater aus dem Anlage- und Versicherungsgeschäft seit mehr als einer Dekade über sich ergehen lassen müssen. Ob mit der grundlegenden Reform des Gewerberechts in 2013 bis hin zu MiFID II, IDD und FinVermV, um nur einige der Regulierungsmonster zu nennen. Möglicherweise haben Sie das Gefühl, die Bürokratie mit der ausufernden Dokumentation und Datenerfassung frisst Sie auf und stiehlt Ihnen die Zeit, die Sie früher mit Ihren Kunden verbracht haben.

Doch auch an dieser Stelle ist Ehrlichkeit gefragt: Wie viel dieser Zeit führte tatsächlich zu einem monetären Vorteil für Sie – das Wort „Abschluss" möchten wir an dieser Stelle bewusst vermeiden? Möglicherweise hängen Sie auch lieb-gewonnenen alten Gewohnheiten nach, weil Sie dieses oder jenes schon immer so gemacht haben – der innere Schweinehund lässt grüßen. Etwa, dass Sie bei der Vorbereitung auf einen Kundentermin lieber mit dem guten alten Aktenordner arbeiten, als sich die Vermögensbilanz über die App abzurufen und gemeinsam mit dem Kunden auf dem Tablet anzusehen. Oder verweigern Sie sich sinnvollen Innovationen, weil Sie denken, dass Ihre Kunden sich ohnehin keine Apps auf ihr Smartphone laden und Sie sich zudem nicht abschaffen wollen?

Wir möchten Ihnen ans Herz legen, Planung ab sofort zu einem festen Bestandteil Ihres beruflichen und privaten Selbstverständnisses zu machen und stets mit Zielen zu arbeiten. Wer plant, ist eindeutig im Vorteil, denn er weiß nicht nur, wo er steht, sondern auch, wohin er will. Er hat nicht nur die Fahrkarte in der Tasche, um bei unserem Beispiel zu bleiben, sondern es ist auch ein Ziel auf ihr aufgedruckt, das man sich vorher ausgesucht hat. Und wer einmal ein Ziel erreicht hat, von dem er früher nicht zu träumen wagte, weiß, welche ungeheuren Energien dadurch freigesetzt werden können.

Daher unser Tipp: Setzen Sie sich hohe, aber realistische Ziele und arbeiten Sie kontinuierlich mit ihnen. So kann es beispielsweise helfen, ein besonderes Ziel auf eine laminierte Karte zu schreiben und stets bei sich in der Tasche zu haben. Und: Erkundigen Sie sich, welches Zielplanungssystem für Ihr Unternehmen am bes-ten geeignet ist. Wer bereits einmal mit einem neuen Unternehmen gestartet ist, weiß, dass man für Geldgeber oder mögliche Gesellschafter einen ausführlichen Businessplan schreiben muss, in dem Geschäftsmodell/Unternehmenskonzept, Zielmarkt, Ziele/Strategien, Marketing/Vertrieb, Management/Personal/Organisa-tion, Chancen/Risiken und Finanzplanung niedergeschrieben werden müssen. Der Businessplan ist und bleibt eine nützliche Orientierungshilfe und trägt dazu bei, sich im operativen Tagesgeschäft auf die langfristigen Ziele zu fokussieren.

▶    Auf der Seite www.existenzgruender.de des Bundeswirtschaftsminis-
     teriums finden Sie die Vorlage eines Businessplans und weitere nütz-
     liche Checklisten.

Darüber hinaus stellt er eine exzellente Grundlage dar, wenn Investitionen,
Umstrukturierungen oder sonstige Veränderungen im Unternehmen anstehen.
Also zum Beispiel dann, wenn Sie etwa das Versicherungsgeschäft zurückfahren
und dafür Ihre Bestände bei Investmentfonds ausbauen wollen. Unverzichtbar ist
ein solcher Plan auch bei einer Nachfolge, wenn Sie Ihr Unternehmen verkaufen
möchten, damit ein realistischer Verkaufspreis ermittelt werden kann.

▶    Mit dem Notfall-Handbuch der Industrie- und Handelskammern kön-
     nen Sie sich als Unternehmer auf alltägliche Risiken vorbereiten und
     gleichzeitig eine weitere Blaupause für die Planung erhalten.

Für die kürzeren Planungszeiträume können Sie auch getrost auf die Tools Ihres
administrierenden Dienstleisters oder Maklerpools zurückgreifen. So verfügen
viele Pools im Anlage- und Versicherungsbereich über ausgezeichnete, zum großen Teil App-gesteuerte Planungstools, die Ihnen als Finanzmakler dabei helfen,
unternehmerische Planung professionell zu betreiben. Mit einem Klick wissen
Sie genau, wo Sie auf der Einnahmen- und Ausgabenseite stehen und wo Sie
Monostrukturen oder Klumpenrisiken bei Produkten haben.
    Natürlich können Sie Ihre Planung auch in anderer Form (etwa als Mindmap)
in Form einer schnell erfassbaren Gesamtübersicht abbilden. Das Internet hält
hierzu intuitive Online-Mindmappings (zum Beispiel www.mindmaster.com oder
www.trello.com) bereit, um Planungsprozesse zu visualisieren, zu entwickeln und
mit anderen teilen zu können. Und: Planen Sie unbedingt Ihren Tagesablauf nach
den aus der Gesamtstrategie abgeleiteten Aktivitäten bzw. Prioritäten und hinterfragen Sie ihn stetig anhand eines funktionierenden Controllings, zu dem wir im
achten Kapitel kommen. Wenn Sie jetzt erst in die Planung einsteigen, helfen
Ihnen zur Standortbestimmung folgende Fragen:

**Tagesablauf einer Finanzmaklers 4.0**
8.00 Uhr: Blick ins CRM-System zur Sichtung der digital vergebenen Termine
und Wiedervorlagen und Aktivitäten
8.30 Uhr: Check der Nachrichtenlage über Finanzportale
9.00 Uhr: Versand von Kunden-Newsletter und Push-Nachrichten
10.00 Uhr: Online-Beratungstermin über Videochat

11.00 Uhr: Administration im Ticketsystem und Versand der Dokumente über Kunden-App

12.00 Uhr Mittagspause

13.00 Uhr: Versand der Service-E-Mails an Kunden

14:00 Uhr: Beratungsgespräche via Video-Call (Zoom oder Skype)

16:30 Uhr: Beratungsgespräche persönlich

18:30 Uhr: Arbeitsende

## 2.2 Planungsmatrix des Finanzmaklers

Um einen Planungsprozess systematisch anzustoßen und zu etablieren, sollten Sie sich die folgenden Fragen stellen (vgl. Abb. 2.1). Wir haben sie aufgrund der besseren Übersichtlichkeit in zwei Komplexe eingeteilt, die die unternehmerische und private Perspektive der Planung wiedergeben.

**Fragen zur unternehmerischen Planung**

- Vision, Geschäftsmodell und Alleinstellungsmerkmale (USP)
- Was ist die Zielsetzung Ihres Unternehmens? Wie können Sie Ihr Geschäftsmodell am besten umschreiben?
- Mit welchen Produkten und Leistungen werden welche Märkte/Segmente bedient?

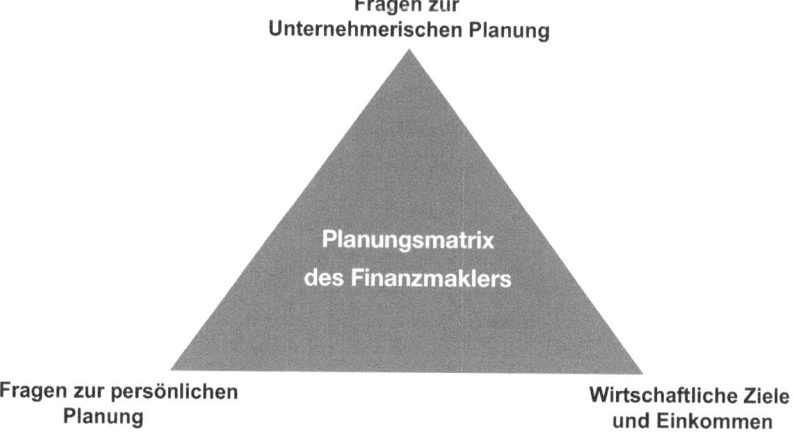

**Abb. 2.1** Planungsmatrix des Finanzmaklers. (Quelle: eigene Darstellung)

- Was sind die Zielkunden/Umsatzträger?
- Welche Art von Kunden haben Sie überwiegend (A-, B- oder C-Kunden) und wie viel Zeit verbringen Sie mit ihnen?
- Was ist Ihre Vision, also Ihre richtungsweisende Vorstellung, wie Sie sich mit Ihrem Unternehmen im Markt von morgen bewegen wollen?
- Was macht Sie unverwechselbar? Was unterscheidet Sie vom Wettbewerb?
- Welche Ziele werden kurz-, mittel- und langfristig angestrebt?
- Welche wichtigen Meilensteine der Unternehmensentwicklung sind bis jetzt erreicht worden?
- Wie sieht die Umsatz- und Gewinnplanung für die nächsten drei bis fünf Jahre aus?
- Wie hat sich Ihr Geschäftsmodell im Rahmen der Digitalisierung verändert?
- Wie haben Sie sich im Back Office verändert?
- Was unternehmen Sie zur Personalgewinnung?

**Wirtschaftliche Ziele und Einkommen**
- Wie viel Bestand möchte ich in einem, drei und fünf Jahren haben?
- Wie viel Einkommen kann ich daraus pro Jahr und Monat generieren?
- Wie hoch ist Ihr aktueller Stundensatz?
- Was ist Ihr Unternehmen wert?
- Welche Möglichkeiten sehen Sie, den Wert Ihres Unternehmens in den kommenden Jahren zu steigern?

**Fragen zur persönlichen Planung**
- Was ist Ihr persönliches Ziel in den vier Lebensbereichen Beruf, Beziehung, Finanzen und Gesundheit?
- Sind Ihre angegebenen Ziele präzise genug?
- Sind Ihre Ziele sinnvoll und motivierend?
- Sind Ihre Ziele realistisch und erreichbar?
- Sind Ihre Ziele konkret und messbar?
- Sind Ihre Ziele zeitlich begrenzt?
- Sind Ihre Ziele in gewissen Grenzen flexibel?
- Sind Ihre Ziele in schriftlicher Form fixiert?
- Wie lange möchten Sie arbeiten?
- Wie lange müssen Sie bei Ihrer aktuellen Einkommenssituation arbeiten?
- Verfügen Sie über eine Exit-Strategie für Ihr Unternehmen und wie konkret ist diese in inhaltlicher und zeitlicher Hinsicht?

Ihren Stundensatz können Sie ganz einfach berechnen. Grundlage sind Ihre Brutto-Provisionserlöse der vergangenen drei Jahre. Errechnen Sie daraus den jährlichen Durchschnitt und teilen Sie diesen zunächst durch 220 Tage und dann durch jeweils acht Stunden. Nehmen wir an, Ihre Brutto-Provisionserlöse in den vergangenen drei Jahren liegen bei 450.000 EUR. Das ergibt durchschnittliche jährliche Erlöse von 150.000 EUR. Diesen Betrag dividieren Sie durch 220 Tage = rund 682 EUR pro Tag oder 85,22 EUR pro Stunde

# Positionierung

Nachdem Sie sich nun eingehend mit Planung beschäftigt und Ihre persönlichen und unternehmerischen Ziele kennen, geht es in diesem Kapitel darum, wie Sie sich mit Ihrem Zielpaket im Markt positionieren.

Liebe Leserin, lieber Leser, stellen Sie sich vor, Sie haben Ihr Ziel bei Ihrer Reise klar vor Augen. Sie wissen genau, wohin sie wollen und innerhalb welcher Zeitspanne Sie dort eintreffen möchten. Kurzum: Sie haben den Weg in Ihre berufliche Zukunft sehr präzise geplant. Ihnen ist auch klar, welche Etappenziele Sie bis wann erreicht haben müssen. Gratulation, nicht jeder in unserer Branche

© Springer Fachmedien Wiesbaden GmbH, ein Teil von Springer Nature 2020
A. Sommese und M. Eberhard, *Finanzberatung für das digitale Zeitalter,* Edition
Versicherungsmagazin, https://doi.org/10.1007/978-3-658-28432-9_3

hat so klare Vorstellungen. Unterstellen wir darüber hinaus, Sie könnten im Internet ein Ticket in Ihre Zukunft buchen – so, wie Sie zum Beispiel einen Fahrschein mit der Bahn zu einem Termin bei einem Kunden lösen. Nichts einfacher als das. Angenommen, Ihr Kunde wohnt in Berlin, Sie arbeiten in Frankfurt am Main. Sie geben also als Abfahrtsbahnhof Frankfurt und als Zielbahnhof Berlin ein. Wirklich ein Kinderspiel.

Wir möchten Ihnen mit diesem in der Tat etwas banalen Szenario eines verdeutlichen: Wenn Sie wissen, woher Sie kommen und wohin Sie wollen, ist die Reiseplanung einfach. Doch wenn Sie nicht genau wissen, wo Sie abfahren müssen, können Sie auch kein Ticket buchen. Kein Navigationsgerät wird Ihnen den Weg weisen, wenn es nicht ihren aktuellen Standort kennt.

Im Klartext: Am Anfang steht die Frage, wo Sie aktuell stehen? Wie haben Sie sich positioniert, wie sind Sie für die Herausforderungen der Zukunft aufgestellt? Wir wollen daher in unserer „Roadmap für Finanzmakler" folgende Fragen nach Ihrer individuellen Positionierung sowie der Positionierung des Marktes stellen. Die nachfolgenden Abschnitte beleuchten, mit welchen Rahmenbedingungen bzw. Herausforderungen Sie es derzeit im Markt zu tun haben. Aber Sie wissen ja: Jede Herausforderung oder neudeutsch *Challenge* wartet nur darauf, bewältigt zu werden. Nehmen Sie es daher sportlich.

## 3.1    Ursachen der Disruption der Finanzbranche

### 3.1.1    Niedrigzinsen

Wenn Sie die Situation des Finanzmarktes Deutschland analysieren, kommen Sie an der anhaltenden Niedrigzinspolitik der Europäischen Zentralbank (EZB) nicht vorbei. Wir wollen diese nicht kommentieren, wohl aber anmerken, dass Ihnen ein faktischer Null- beziehungsweise Negativzins naturgemäß nicht eben in die Karten spielt. Wie schon erwähnt, verkaufen Sie Ihren Kunden kein emotionales Produkt, sondern ein Leistungsversprechen. Das besteht schlichtweg darin, mehr aus seinem Geld zu machen – und zwar unter Berücksichtigung des jeweiligen Risikoprofils. Wie schwierig dies in dem gegenwärtigen Zinsumfeld ist, beweist die Ihnen sicher bekannte 72er-Regel zum Vermögensaufbau. Sie dividieren dabei die Zahl 72 durch den Zinssatz und erhalten die Anzahl der Jahre, die das Kapital braucht, um sich zu verdoppeln. Bei einem Zinssatz von 0,1 % hat sich das Kapital Ihres Kunden erst nach etwa 720 Jahren verdoppelt. So alt wird kein Mensch. Bei 4,00 % beträgt die Frist hingegen nur 18 Jahre (Inflation und Steuern nicht berücksichtigt).

Die logische Konsequenz aus der Niedrigzinspolitik wäre auf der Kundenseite, etwas stärker ins Risiko zu gehen. Doch hierzu besteht in den meisten Fällen keine Bereitschaft. Dennoch: Gerade vor dem Hintergrund der Niedrigzinspolitik werden Finanzdienstleister mehr und mehr zu Problemlösern. Und das Problem besteht für viele Kunden darin, in einem äußerst schwierigen Zinsumfeld eine ausreichende Altersvorsorge aufzubauen. Zumal wir sogar bei einer Abkehr der Europäischen Zentralbank von ihrer gegenwärtigen Geldpolitik (wonach es derzeit nicht aussieht) mittelfristig nicht von deutlich steigenden Zinsen ausgehen. Auch bei den Produktlieferanten hat die Niedrigzinspolitik Folgen. Prominentestes Beispiel ist die Kapitallebensversicherung, die so stark in den Zinsstrudel gezogen wurde, sodass die ersten Versicherungsgesellschaften sich wegen der erheblichen Risiken aus den Altverträgen zum gänzlichen Aufgeben dieses Geschäftszweigen und den Verkauf an Finanzinvestoren entschlossen haben.

## 3.1.2  Digitalisierung

Noch weitaus gravierender als die Niedrigzinspolitik wird die viel zitierte Digitalisierung die Märkte revolutionieren. Um einen Eindruck von der ungeheuren Geschwindigkeit zu gewinnen, mit der sich unser Alltag in verhältnismäßig wenigen Jahren verändert hat, muss man sich nur zwei Tatsachen vor Augen führen: Erst am 6. August 1991 ging die erste öffentliche Internetseite online. Heute ist das Netz aus unserem Leben nicht mehr wegzudenken. Es ist dank Smartphones und anderer mobiler Endgeräte zu unserem ständigen Begleiter geworden. Mithilfe der kleinen intelligenten Helfer erledigen wir nicht zuletzt unsere Bankgeschäfte online. Wir haben die Bankfilialen sozusagen in die Tasche gesteckt. Apropos Smartphone: Erst im Jahr 2007 (Angela Merkel war bereits etwa zwei Jahre Kanzlerin) stellte der mittlerweile verstorbene Steve Jobs auf einer Bühne in San Francisco das erste iPhone von Apple vor. Zwar waren zu dieser Zeit bereits ähnliche Geräte auf dem Markt, doch erst das Kult-Produkt von Apple bescherte den Smartphones den endgültigen Durchbruch. Mehr noch: Damals begann die Ära der ständigen Erreichbarkeit. Ob dies ein Segen oder ein Fluch für die Menschheit war, muss wohl jeder selbst entscheiden.

Aktuell befinden wir uns in einem dynamischen Digitalisierungsprozess, der ganze Industrien disruptiv auf den Kopf stellt. Dazu gehört auch die Finanzbranche, die durch die sich immer weiter öffnende Ertragsschere in die Zange genommen wird. Bei den Banken und ihrem traditionell auf Aktiv- und Passivgeschäft ausgerichteten Geschäftsmodell (Spargelder einsammeln und als Darlehen wieder ausleihen) wird dies besonders offenkundig. So sinken auf der einen

Seite durch die Minizinsen die Erträge (wenn auch die Refinanzierung bei der Zentralbank günstiger wird), während auf der anderen Seite Sachkosten für die Anschaffung von Informationstechnologie und Programmierleistungen aufgrund der Regulierung überproportional zunehmen.

Da ist es ganz natürlich, dass teure Filialen, die durch das Online-Banking ohnehin immer weniger genutzt werden, geschlossen werden. Geschlossene Filialen brauchen kein Personal mehr, dieses wird vielmehr in der Programmierung der IT-Infrastruktur benötigt. Der Ausbildungsberuf Bankkauffrau/Bankkaufmann wird daher vermutlich in Zukunft Digitalkauffrau/Digitalkaufmann Bank heißen.

Ein besonders augenfälliges Indiz für die digitale Revolution sind die sogenannten Robo Advisors. Dieser Begriff setzt sich zusammen aus den englischen Wörtern Robot (Roboter) und Advisor (Berater), folglich handelt es sich um „Anlage-Roboter", die den Kunden verschiedene Portfolios vorschlagen. Die Dienstleistung des Finanzberaters „aus Fleisch und Blut" wird digitalisiert und automatisiert. Auch wenn die Marktanteile dieser Robot Advisor 2018 noch vergleichsweise gering waren, so zeigt uns diese neue Konkurrenz doch, welche ganz praktischen Konsequenzen die zunehmende Digitalisierung auf unser Geschäft haben wird. Wobei sich die Digitalisierung nicht nach dem Big-Bang-Prinzip, sondern prozesshaft vollzieht. Somit können wir allenfalls mutmaßen, wohin uns die Digitalisierung in 20 oder 30 Jahren geführt haben wird. Sicher trifft zu, was der Berater und Fintech-Experte Peter Godulla schon vor einiger Zeit feststellte: *„Die derzeitige Situation ist vergleichbar mit der Zeit, als das Internet entwickelt wurde. Keiner konnte sich damals genau vorstellen, wie diese Technik Jahrzehnte später unser Leben verändern würde, aber alle haben gespürt, dass sich hier etwas Großes verändert".*

Die Folgen der Digitalisierung stehen überdies für eine weitere Herausforderung auf dem Finanzmarkt, mit der wir uns auseinandersetzen müssen und die sich unter dem Schlagwort „Disruption" subsumieren lässt. Was ist darunter zu verstehen? Ganz einfach: Neue Entwicklungen und Technologien treten an die Stelle tradierter Methoden und ersetzen sie schließlich komplett. Neu ist das keineswegs. Der berühmte Ökonom Joseph A. Schumpeter (1883 bis 1950) sprach allerdings nicht von Disruption, sondern formulierte es mit „schöpferischer Zerstörung" deutlich positiver.

Doch ganz egal, welche Bezeichnung man auch vorziehen mag, Tatsache ist, dass vor dem Hintergrund dieser Veränderungsprozesse auch in der Finanzbranche neue Wettbewerber auf den Markt kommen, gegen die wir gewappnet sein müssen. Teilweise sind diese neuen Wettbewerber schon seit Jahren aktiv, denken Sie nur an die zahlreichen Online-Anbieter, manchmal starten sie auch erst jetzt wie die Fintechs. Deren Gründer sind oft kaum 30 Jahre alt und sie zerpflücken die seit Jahrzehnten eingespielten Wertschöpfungsketten der Banken in ihre Einzelteile. „Finanzen neu gedacht" lautet einer ihrer Slogans. Dabei setzen sie auf die Veränderung von Verhaltensweisen breiter Bevölkerungsschichten durch das Internet. Ein Beispiel ist die Informationssuche, die heute laut Erhebungen des Gesamtverbandes der deutschen Versicherungswirtschaft (GDV) bei 73 % der deutschen Gesamtbevölkerung online durchgeführt wird. Finanzmakler sollten die Fintechs im Auge behalten, aber nicht vor ihnen kapitulieren. Aufgerüstet mit der richtigen Infrastruktur kann jeder Makler seine eigene Fintech-Einheit wirkungsvoll nach außen präsentieren und mit persönlicher Beratung kombinieren.

Am Ende geht es heute wohl nicht mehr um die Digitalisierung der Finanzbranche an sich, sondern vielmehr um das Überleben der selbigen in einer eh schon komplett digitalen Welt.

### 3.1.3 Regulierung

Als Konsequenz aus der Finanz- und Bankenkrise wurden die regulatorischen Auflagen erheblich verschärft. Davon betroffen sind indessen nicht nur die großen Finanzinstitute, sondern gleichermaßen auch die kleineren und mittelständischen Unternehmen der Branche. Dies führte unter dem Strich nicht nur zu einer deutlich gestiegenen Bürokratie, sondern darüber hinaus zu einem hohen Maß an Unsicherheit in der Frage, was künftig noch erlaubt sein wird und was nicht. So erschien bis vor kurzem zum Beispiel das Ende der Bestandsprovisionen in ihrer derzeitigen Form (bisher eine wichtige Einnahmequelle für Finanzdienstleister) durchaus möglich. Auf die gesetzgeberischen Maßnahmen haben wir keinen Einfluss. Wir müssen aber rechtzeitig die Weichen stellen, um auf eine solche Entwicklung vorbereitet zu sein.

### 3.1.4 Produktwandel

Wirft man einen Blick in die Vermögensbilanzen verschiedener Kunden, so stellt man fest, dass viele Kunden ähnliche Produkte mit ähnlichen Leistungen und einem ähnlichen Budget haben. Sicher kennen Sie einen Kunden mit einer 100-EUR-Prämienbesparung einer Lebensversicherung, einem 25.000-EUR-Bausparvertrag und einer Riester-Rente. Was lange währte, muss nicht dauerhaft gut bleiben. Nehmen wir die Kapitallebensversicherung als ein geradezu klassisches Beispiel. Aufgrund der nicht mehr vorhandenen Garantien und der schon vor vielen Jahren erfolgten Abschaffung des Steuerprivilegs ist dieses Produkt heute nicht mehr verkaufbar. Als Alternative bietet sich die fondsgebundene Lebensversicherung (Fondspolice) an, dabei handelt es sich jedoch um ein beratungsintensives Produkt. Der Finanzdienstleister muss sich im Kosmos der Investmentfonds auskennen. Mitunter ändern die Produktgeber auch ihre Provisionsmodelle, was naturgemäß Auswirkungen auf die Attraktivität des Vertriebs der jeweiligen Produkte für den Finanzdienstleister hat. „Festgemauert in der Erde …", beginnt das bekannte Gedicht „Die Glocke" von Friedrich Schiller. Für das Produktspektrum, mit dem es Finanzdienstleister zu tun haben, gilt dies gewiss nicht. Flexibilität, Innovationskraft und die Bereitschaft, sich immer wieder mit neuen Produkten zu befassen, bleiben in Zukunft unverzichtbar.

## 3.2  Positionierungsanalyse

Nach dieser ausführlichen Analyse des Marktes gehen wir wieder zurück zu Ihnen. Damit Sie wissen, wo sie heute stehen, haben wir für Sie die folgenden Fragen für die **Positionierungsanalyse mit sechs Fragekomplexen** entwickelt (vgl. Abb. 3.1).

**Komplex 1: Kunden**

- Wie viele Mandanten betreuen Sie heute? Wie viele davon bezeichnen Sie als aktiv, wie viele als passiv?
- Wie viele Verträge haben Sie in Ihrem Bestand?
- Machen Sie Unterschiede, wie viel Zeit Sie für welchen Kunden aufbringen? Wenn ja, auf welcher Grundlage differenzieren Sie Ihre Kunden?

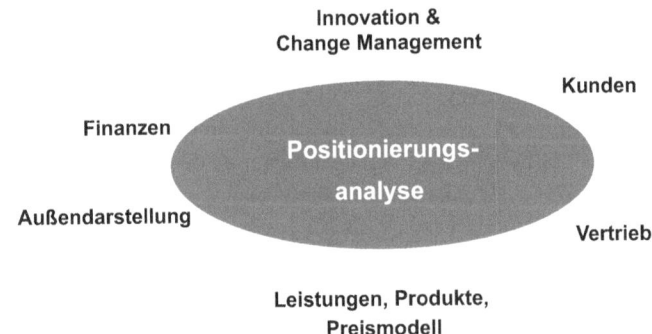

**Abb. 3.1** Positionierungsanalyse mit sechs Fragenkomplexen. (Quelle: eigene Darstellung)

## Komplex 2: Leistungen, Produkte und Preismodell

- Wie sind Sie derzeit am Markt positioniert? Sehen Sie sich eher als Generalist nach dem Allfinanz-Modell oder als Spezialist?
- Welche Produkte verkaufen Sie?
- Welchen speziellen Nutzen und welche Besonderheiten haben Ihre Dienstleistungen für Ihre Kunden?
- Gibt es ein (regionales) Alleinstellungsmerkmal (USP: Unique Selling Point)?
- Wie sieht Ihre Cross-Selling-Quote aus, also der Anteil der bestehenden Kunden, die zum Beispiel zuerst Wertpapierfonds bei Ihnen erworben haben und im Anschluss ein Produkt aus einer ganz anderen Kategorie gekauft haben, etwa eine Immobilie oder Versicherung?
- Wie sieht Ihr Preismodell aus?

## Komplex 3: Finanzen

- Wie viel Umsatz und Gewinn haben Sie in den vergangenen drei Jahren gemacht?
- Wie hoch ist der daraus abgeleitete Stundensatz?
- Aus welchen Quellen stammen Ihre Erträge? Welchen Anteil hat daran das Neugeschäft aus den vergangenen zwölf Monaten? Setzen Sie auf zusätzliche Ertragsquellen wie Servicegebühren?

## Komplex 4: Vertrieb

- Welche Online- und Offline-Absatzkanäle nutzen Sie und wie kombinieren Sie sie im Rahmen eines Multi-Channel-Vertriebs?
- Haben Sie schon einen Onlineshop?
- Auf welchen Wegen und wie oft kommunizieren Sie mit Ihren Kunden?
- Wie sieht Ihre Prozesskette von der Kundengewinnung bis zur After-Sales-Betreuung aus?

## Komplex 5: Innovation & Change Management

- Bezeichnen Sie Ihr Unternehmen als innovativ? Was haben Sie in den vergangenen drei Jahren gemacht, um sich von Ihren Mitbewerbern abzuheben?
- Wie reagieren Sie auf Marktveränderungen – etwa bei sinkenden Provisionseinnahmen in einer Sparte?
- Bis zu welchem Grad ist Ihr Umsatz von Einflussfaktoren abhängig, auf die Sie keinen Einfluss haben? Ein Beispiel: Wenn der Gesetzgeber die Bestandsvergütung entweder komplett oder in der gegenwärtigen Form abschafft,

können die Geschäftsmodelle von Finanzdienstleistern, die in hohem Maße von dieser Bestandsvergütung abhängen, schnell kollabieren.
- Was tun Sie bereits oder planen Sie, um die Digitalisierung noch stärker für Ihr Unternehmen zu nutzen?

**Komplex 6: Außendarstellung**
- Wie professionell ist Ihre Außendarstellung, etwa über die Webseite?
- Haben Sie eine klare Strategie zur Darstellung Ihrer Person, Ihres Unternehmens und Ihrer Dienstleistungen zu bestehenden und neuen Kunden? Welche Kanäle nutzen Sie dafür und in welcher Intensität?
- Nutzen Sie bereits einen Onlineshop?

## 3.3   Das Finanzmakler-Oktagon

Ein Finanzdienstleister ist heute deutlich mehr als nur ein Verkäufer oder Berater. Jahrzehntelang hat das Bild des Vermittlers von Finanzdienstleistungen die Kunden und ihre Wahrnehmung der Berufsgruppe geprägt. Da Kapitallebensversicherungen mit Unterstützung der jeweiligen Regierungen in den Produktrankings immer vorn lagen, die höchsten Provisionen versprachen und in Einklang mit der Risikoaversion der breiten Bevölkerung standen, wurden sie früher häufig am Küchentisch von Agenturvertretern oder nebenberuflichen Vermittlern verkauft, sodass sich der teilweise abschätzig interpretierte Begriff des Versicherungsvertreters als Synonym für einen Großteil der Finanzberater durchgesetzt hat.

Die allgemein negative Wahrnehmung der Finanzbranche und der aggressive Produktverkauf losgelöst von einer systematischen und nachhaltigen Beratung haben dieses Bild noch verstärkt – mit entsprechenden Folgen für Selbstbewusstsein und Selbstverständnis des Finanzmaklers. Es ist daher auch hier Zeit für einen Paradigmenwechsel. Wer anders agiert, wird anders wahrgenommen, auch wenn dies ein längerer Prozess sein kann. Der Finanzmakler 4.0 muss ganzheitlich als Unternehmer agieren, um die eingangs beschriebenen Möglichkeiten und Herausforderungen der nächsten Jahre zu meistern. Dazu gehören folgende acht Eigenschaften (für eine grafische Übersicht vgl. Abb. 3.2):

1. **Selbstverständnis.** Dies ist vielfach nicht stark ausgeprägt. Stehen Sie zu dem, was Sie tun, indem Sie Ihre Tätigkeit klar kommunizieren. Erklären Sie dabei, dass Sie es anders machen als der klischeehaft bekannte Versicherungsvertreter XY, ohne sich für Ihren Beruf zu rechtfertigen. Firmieren Sie etwa

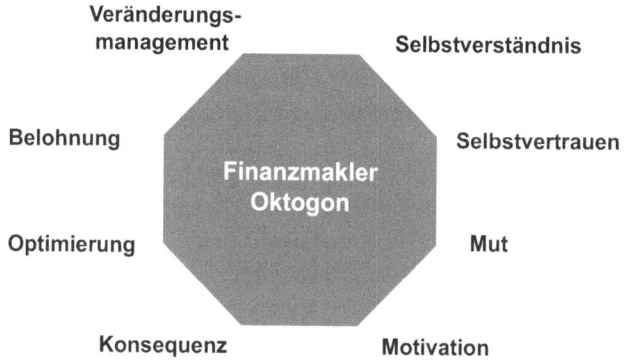

**Abb. 3.2**  Finanzmakler-Oktogon. (Quelle: eigne Darstellung)

unter einem Namen, der Ihren besonderen Anspruch untermauert und klar zum Ausdruck bringt, womit Sie Ihr Geld verdienen (zum Beispiel Geldanlage-shop, Finanzkanzlei, fondsfüralle o. ä.).

2. **Selbstvertrauen.** Keine Frage, extravertierte Menschen haben es in unserer Branche leichter (siehe Info-Kasten). Vermeiden Sie es außerdem, sich auf den Lorbeeren der vergangenen Jahre auszuruhen. Zeigen Sie, dass Sie sich kontinuierlich weiterbilden und bereit sind, dafür viel Geld in die Hand zu nehmen, etwa mit staatlich anerkannten Bildungszertifikaten, die Sie nach einer Prüfung auf Ihre Webseite hochladen.

Stellen Sie die Beratungsleistung heraus, die Sie erbringen, und bezeichnen Sie Ihre Kunden als Mandanten, die in Ihre „Kanzlei" kommen. Haben Sie schon einmal daran gedacht, wie es wäre, von Ihren Kunden auf eine Stufe mit Rechtsanwälten oder Steuerberatern gestellt zu werden? Sie haben kein aka-demisches Studium? Dann holen Sie es nach. Es gibt inzwischen viele gute Bildungsanbieter, bei denen Sie einen akademischen Abschluss als Finanz-planer oder Volkswirt mit überschaubarem Zeitaufwand im Online-Selbst-studium erwerben können.

3. **Mut.** Legen Sie die Angst vor der Ablehnung ab (das Schlimmste, was der Kunde zu Ihnen sagt, ist „nein"). Und denken Sie in großen Dimensionen, denn nur ein hohes Ziel, bei dem Sie es für unwahrscheinlich halten, es zu erreichen, ist auch ein gutes und motivierendes Ziel. Denken Sie stets an den Satz: „Das Nein haben Sie schon!" Dann können Sie auch fragen.

4. **Motivation.** Motivation ist einer der wesentlichen Grundlagen, seiner Arbeit mit Tatkraft und Freude nachzugehen. Jeder Leistungssportler und jede

Mannschaft im Spitzensport weiß um die Bedeutung der Motivation. Diese Aufgabe übernehmen bei Profis Mentalcoaches. Es geht aber auch eine Nummer kleiner. Überlegen Sie, was sie stark motiviert. Schaffen Sie sich gezielt Inseln, in denen Sie auftanken können. Eine Möglichkeit der Selbstmotivation ist, sich schöne Erlebnisse vor einem wichtigen Kundentermin in Erinnerung zu rufen. Arbeiten Sie an Ihrer Ausstrahlung und begeistern Sie Ihre Kunden mit Ihrer positiven, lebensbejahenden und charismatischen Grundhaltung.

5. **Konsequenz.** Achten Sie auf eine ergebnisorientierte Arbeitsweise und konsequentes Handeln. Schließlich entscheidet oft nicht das bessere Fachwissen, es sind vielmehr der Fleiß und das disziplinierte Arbeiten sowie das Herangehen an unternehmerische Ziele.

6. **Optimierung.** Machen Sie es sich zum Grundsatz, sich und Ihre Arbeit ständig zu reflektieren. Vielleicht haben Sie auch einen Kollegen, dem Sie vertrauen können, und der Ihnen ehrliches Feedback gibt, wie Sie in Gesprächen mit Kunden auftreten und was Sie besser machen können.

7. **Belohnung.** Kennen Sie das Gefühl, ein Ziel, das Sie sich schon lange vorgenommen haben, erreicht zu haben? Es ist ein unbeschreibliches Gefühl, das eine Fülle von Endorphinen (Glückshormonen) freisetzt. Vergegenwärtigen Sie sich dieses Gefühl am besten jeden Tag, wenn Sie aufstehen und denken Sie an Ihr großes Ziel.

8. **Veränderungsmanagement.** Machen Sie Weiterbildung zum unverrückbaren Bestandteil Ihrer beruflichen Tätigkeit. Die Floskel des lebenslangen Lernens gilt selbstverständlich auch für Finanzmakler. Dabei sollte man nicht den Fehler machen, bereits gesetzte oder zukünftige Standards vonseiten des Gesetzgebers als Richtschur zu nehmen. Sie sind vielmehr ein Minimalziel, dem Sie nicht hinterherlaufen sollten. Gestalten Sie Weiterbildung vielmehr proaktiv und setzen Sie Ihre eigenen Schwerpunkte, bei denen Sie sich überdurchschnittliche Kenntnisse aneignen. Dies können zum Beispiel nachhaltige Geldanlagen, das sogenannte grüne Geld, oder Rohstoffe sein. So heben Sie sich eindrucksvoll vom Durchschnitt ab, was nicht nur von Ihren Kunden, sondern auch von Interessenten aus Ihrem digitalen Auftritt wahrgenommen wird. Der größte Effekt ergibt sich daraus, dass Sie Ihr spezifisches Alleinstellungsmerkmal schärfen.

Bewahren Sie sich Ihre natürliche Neugierde und die Lust auf Neues. Sehen Sie Veränderungen als Herausforderung und ändern Sie eine mögliche Abwehrhaltung, etwa gegenüber der Regulierung, da Sie diese sicher nicht motivieren wird. Denn eines ist gewiss: Nichts ist beständiger als der Wechsel und Wandel gehört schon allein aufgrund der Veränderungsgeschwindigkeit der

Digitalisierung zu einem stetigen Begleiter unserer Zeit. Nehmen Sie die Veränderungen daher an und gehen Sie professionell mit ihnen als Teil Ihrer Unternehmensstrategie um – gemäß dem Credo „Agieren statt reagieren". **Denken Sie dabei auch an Ihre persönliche Fitness.** Fühlen Sie sich wohl in Ihrer Haut? Wie steht es mit Ihrer physischen und mentalen Fitness? Ihre Zeit lässt das nicht zu? Dann nehmen Sie sich doch einen Personal Trainer, mit dem sich zwei bis drei Mal in der Woche für ein individuelles Trainingsprogramm gezielt verabreden. Machen Sie es sich zur Gewohnheit, jeweils am Abend vor dem Einschlafen den Tag zu bilanzieren und zum Beispiel drei Dinge ins Gedächtnis zu rufen, die aus Ihrer Sicht besonders gut gelaufen sind. Dies wird Sie motivieren, den folgenden Tag voller Energie zu starten.

### Hintergrundinformationen
Persönlichkeitsprofile: Introvertiert oder extravertiert?
Der Schweizer Psychiater C. G. Jung (1875 bis 1961) unterschied zwei Pole der Persönlichkeitsentwicklung: Introversion und Extraversion. Der introvertierte Zeitgenosse ist eher auf das Innenleben konzentriert, gibt sich ruhig und zurückhaltend, manchmal auch schüchtern. Der extravertierte Mensch hingegen ist das genaue Gegenteil: Er hat keinerlei Probleme damit, auf fremde Menschen zuzugehen, sie anzusprechen und zu begeistern. Also ideale Voraussetzungen für einen Finanzdienstleister.

▶ Machen Sie den 16-Personalities-Test im Internet und erhalten Sie eine Beschreibung Ihrer selbst. Es ist schon etwas unheimlich, wie gut die Ergebnisse sind. Und sollten Sie mal wieder Personal einstellen wollen, dann lassen Sie Ihre Bewerber den Test durchlaufen machen lassen, dies reduziert das Risiko einer Fehlbesetzung (https://www.16personalities.com/de/kostenloser-personlichkeitstest).

**Agieren heißt konkret**
- Steigern Sie Ihre Rendite.
- Generieren Sie zusätzliches Wachstum.
- Minimieren Sie Ihre Risiken.
- Arbeiten Sie effizient.

Jetzt haben Sie bereits festgelegt und geplant, was und wohin Sie möchten und Sie kennen sich und Ihre Ziele. Wenn Sie nun noch aufgrund einer selbstkritischen Analyse feststellen, für wen Sie Ihre Dienstleistungen anbieten und wie Sie Ihre Zielgruppen wirkungsvoll erweitern können, sind Sie auf unserer Landkarte schon weit vorgedrungen.

# Die Zielgruppe

4

## 4.1    Kennen Sie Ihre Kunden?

Beginnen wir mit den neuen und sich in den nächsten Jahren rasant verändernden Marktverhältnissen. Zunächst haben wir es heute mit anderen Kunden zu tun als noch vor 15 oder 20 Jahren. Das Internet hat die Märkte absolut transparent

© Springer Fachmedien Wiesbaden GmbH, ein Teil von Springer Nature 2020
A. Sommese und M. Eberhard, *Finanzberatung für das digitale Zeitalter*, Edition Versicherungsmagazin, https://doi.org/10.1007/978-3-658-28432-9_4

gemacht. Wer heute ein bestimmtes Produkt braucht, recherchiert im Internet in der Regel so lange, bis er das günstigste Angebot findet. Ob das billige Produkt dann wirklich qualitativ hochwertig ist und ob der Service, also zum Beispiel die Beratungsleistung, stimmt, bleibt zunächst einmal außen vor. Hauptsache, der Verbraucher glaubt, ein Schnäppchen gemacht zu haben. Der unglaubliche Erfolg der einschlägigen Preisportale spricht Bände. Bisweilen soll es sogar vorkommen, dass Patienten ihre aktuellen Beschwerden „googeln" und mit einer fertigen Diagnose zu ihrem Hausarzt kommen.

Ganz so bizarre Blüten treibt die „Selbstberatung" der Kunden im Finanzsektor noch nicht, sieht man von einfachen, weniger erklärungsbedürftigen Bank- und Versicherungsprodukten wie einer Privathaftpflichtversicherung einmal ab. Das mag gewiss auch damit zusammenhängen, dass es allemal mehr Freude bereitet, im Internet den günstigsten Anbieter für die nächste Urlaubsreise zu recherchieren, als sich über die Performance und steuerliche Behandlung von unterschiedlichen Arten der Altersvorsorge zu informieren.

Vielleicht werden sich manche von Ihnen, liebe Leserin, lieber Leser, noch an jene aufsehenerregende Untersuchung der Bertelsmann-Stiftung aus dem Jahr 2004 erinnern. Die Autoren dieser Studie kamen zu der Erkenntnis, dass die große Mehrheit der Deutschen nur schlecht über grundlegende Merkmale von Versorgungs- und Anlageprodukten wie Risiko, Rendite und Kosten informiert war. Diese Wissensdefizite gefährdeten die individuelle Vorsorge, hieß es. Finanziell Ahnungslose – in der Studie als „finanzielle Analphabeten" bezeichnet – empfänden einfache Finanzfragen als besonders schwierig und fühlten sich bei finanziellen Entscheidungen unsicher. In der Konsequenz beschäftigten sie sich vergleichsweise ungern mit Finanzen, nähmen sich selten Zeit für finanzielle Angelegenheiten und schöben finanzielle Entscheidungen vor sich her (vgl. o. V. 2004). Daran dürfte sich bis heute nichts geändert haben.

Der Verkäufer im Autohaus oder auch die Mitarbeiterin in einem Reisebüro hat gegenüber Finanzdienstleistern einen klaren Vorteil: Sie bieten ihren Kunden emotional stark aufgeladene Produkte an. Und sogar Immobilienmakler vermitteln nicht nur Wohnraum, sondern in hohem Maße Lebensgefühl, Status und Prestige (vgl. Abb. 4.1). Viele verlieben sich spontan in eine Immobilie. Aber wer verliebt sich schon in eine Fondspolice?

Doch obwohl sich die Deutschen eher ungern mit Finanzfragen befassen (es sei denn, es geht ums eigene Einkommen) und obwohl häufig sogar einfache Grundkenntnisse fehlen, suchen viele auch bei der Geldanlage und der Vorsorge nach „Schnäppchen" im Netz. Das geht noch nicht einmal bei sehr einfachen und standardisierten Produkten wie Tagesgeld- oder Festgeldkonten immer gut. Denn wer zum Beispiel nur auf die Zinsen und nicht auf die Solidität der Bank

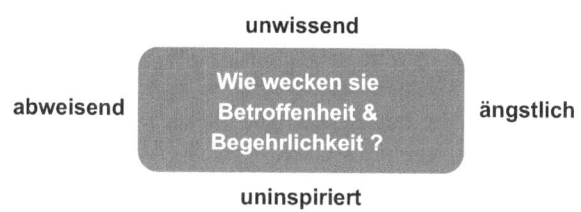

**Abb. 4.1**  Wie wecken Sie Betroffenheit und Begehrlichkeit. (Quelle: Eigene Darstellung)

und die Einlagensicherung des betreffenden Landes achtet, kann ähnlich böse Überraschungen erleben, wie manche deutsche Sparer, die ihr Geld vor einigen Jahren isländischen Kreditinstituten anvertraut hatten. Nebenbei bemerkt: Eine Erscheinungsform des gerade erwähnten „Finanz-Analphabetismus" besteht oft auch in der Unkenntnis des untrennbaren Zusammenhangs von Risiko und Rendite.

Die weitgehende Markttransparenz dank Internet führt überdies dazu, dass sich die Kunden einen schnellen Überblick über die Produkte und Preise Ihrer Mitbewerber verschaffen können. Und nicht zuletzt erfreuen sich kritische Verbrauchersendungen und Markttests großer Beliebtheit. Indem immer wieder die Methoden „schwarzer Schafe" thematisiert werden, neigen viele Verbraucher dazu, aus manchen Missständen ein generelles Urteil abzuleiten („Alle Banker sind Bankster", „Alle Anlageberater sind nur Provisionsgeier"). Vor dem Hintergrund eines Verbraucherverhaltens, das zwischen „kritisch" und „desinteressiert" oszilliert, wird der Aufbau nachhaltigen Vertrauens immer wichtiger. Wir werden später noch ausführlicher auf dieses Thema eingehen.

## 4.2  Zielgruppenanalyse

Die Festlegung des Zielmarktes oder der Zielgruppe gehört zu den wichtigsten Grundlagen unternehmerischen Handelns und ist essenziell für Ihre weitere Umsatz- und Ertragsentwicklung. Nur wer genau weiß, wer in einem realen oder virtuellen Raum für seine Produkte überhaupt infrage kommt, kann diese Gruppe auch gezielt ansprechen und für sich gewinnen, etwa mit Werbung. Der Grundsatz gilt gleichermaßen für Neukunden als auch für Bestandskunden. Zielgruppenkenntnis ist die Basis für die drei nachfolgenden Kapitel Werbung, Akquise sowie Beratung und Verkauf. Dabei gilt der immer wieder bestätigte Grundsatz, je mehr Sie über Ihre Kunden wissen, umso erfolgreicher sind Sie mit

Ihren Dienstleistungen. Soziale Netzwerke wie Facebook, die weniger sozial als hochkommerziell agieren, handeln mit diesem Wissen über Menschen, der härtesten aller Währungen im 21. Jahrhundert.

Wie aber selektieren Sie Ihre Zielgruppe? Vielleicht gibt es Zielgruppen, die Sie nicht einmal kennen. Nehmen wir das Beispiel einer Stadt in Bayern: Augsburg. In Augsburg leben 283.000 Menschen, davon sind rund 117.312 Männer und 123.932 Frauen. Hinzu kommen etwa 42.300 Kinder und Jugendliche unter 18 Jahren. Darüber hinaus gibt es in und um Augsburg 8806 Unternehmen. Diesen unerschöpflichen Markt mit einem hohen Bedarf an persönlicher Beratung, finanzieller Aufklärung und nachhaltiger Betreuung versorgen gerade einmal 200 Finanzdienstleister wie Banken, Versicherungsvermittler und Makler. Hinzu kommt die Zielgruppe im Netz, denn dieses kennt keine räumliche Begrenzung.

**Einstieg in die Zielgruppenanalyse: Sechs-P-Modell**
Im Rahmen der Grundlagen zur Zielgruppenanalyse hat sich das Sechs-P-Modell bewährt (vgl. Abb. 4.2).

Inhalt des Sechs-P-Modells:

1. **People:** Ihre Bestands- oder potenziellen Neukunden, also die Zielgruppen per definitionem
2. **Prozesse:** Welche Prozesse führen dazu, dass Sie mit Ihren Kunden in Kontakt kommen und wo liegen die Kontaktpunkte?
3. **Promotion:** Aufgrund welcher Aktivitäten werde ich von meiner Zielgruppe wahrgenommen?
4. **Preismodelle:** Mit welchem Preismodell und welchen Teilelementen erreiche ich meine Zielgruppen?
5. **Produktlandschaft:** Welche Produkte in welcher Intensität nutze ich für meine Zielgruppen?
6. **Placements:** Welche Vertriebswege (online/offline) nutze ich, um mit meinen Zielgruppen in Kontakt zu kommen?

**Abb. 4.2** Sechs-P-Modell. (Quelle: Eigene Darstellung)

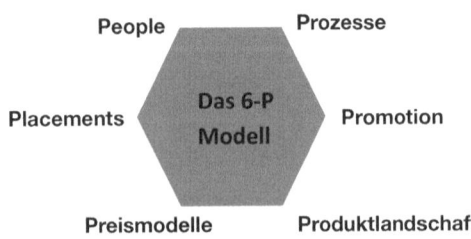

Nicht von ungefähr stehen „People" an erster Stelle. Es ist das wichtigste „P".
Das People-Business ist sozusagen Ihr Alleinstellungsmerkmal. Im Gegensatz zu
den „Ps" 2 bis 6 sind Sie mit Ihrer Kunden-Strategie nicht austauschbar.

**Fragen zur systematischen Zielgruppenanalyse** (Abb. 4.3)
**Inhalt der Zielgruppenanalyse**

1. Einstieg in die Zielgruppenanalyse: Bekanntheit und Empfehlung
   Stellen Sie sich folgende Fragen und beantworten Sie sie in kurzen Sätzen:
   - Wer kennt Sie?
   - Wen kennen Sie?
   - Wer vertraut Ihnen?
   - Wen möchten Sie gerne kennenlernen?
   - Wer möchte Sie gerne kennenlernen?
   - Mit wem machen Sie bereits Geschäfte?
   - Wer möchte mit Ihnen Geschäfte machen?
   - Wer ist bereit, Sie zu empfehlen?

2. Weitergehende Analyse durch Auswertung des beim Makler vorhandenen Wissens und von externen Quellen
   - Gibt es eine oder mehrere Zielgruppen?
   - Können Sie Ihre Zielgruppen textlich beschreiben und dabei mit spezifischen Eigenschaften unterlegen?
   - Gibt es statistisches Material, auf das Sie zurückgreifen können? Beispiele: www.statista.de, www.desatis.de, Deutsche Bundesbank (www.bundesbank.de), Bundesverband Finanzdienstleistung e. V. AfW (www.afw-verband.com).
   - Gibt es weitere Informationsquellen, die Sie nutzen können? Beispiele: Consumer-Barometer „Think with google" (www.thinkwithgoogle.com)

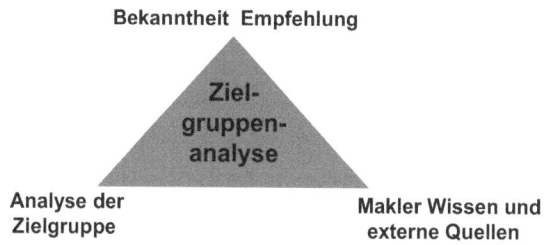

**Abb. 4.3**  Zielgruppenanalyse. (Quelle: Eigene Darstellung)

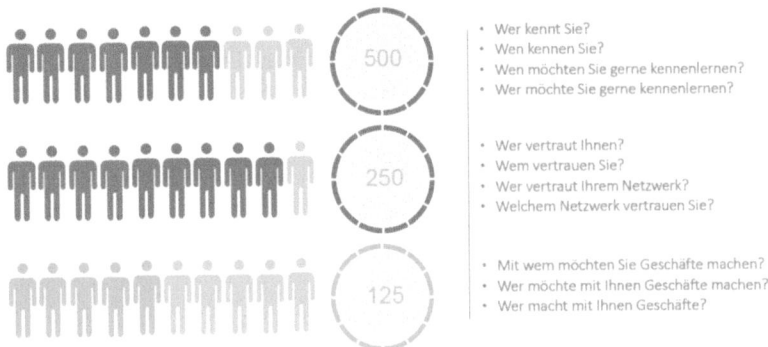

**Abb. 4.4**  Beispiel Ist-Analyse am Standort Augsburg. (Quelle: Eigene Darstellung)

- Thema Marktforschung: Haben Sie schon einmal eigene Umfragen unter Ihren Kunden durchgeführt?
- Gibt es Modelle, mit denen Sie Ihre Zielgruppe erfassen können, zum Beispiel Limbic Map oder Sinus Milieu?
3. Online-Analyse der Zielgruppen (Abb. 4.4)
- Welche Informationsangebote und Websites von Finanzdienstleistern und anderen Anbietern besucht die jeweilige Zielgruppe?
- Nutzung von Online-Banking und Online-Brokerage?
- Nutzung von Vergleichsrechnern bei Investmentfonds oder Versicherungen?
- Wie stark ist sie auf welchen sozialen Netzwerken aktiv?
- Inwieweit beeinflusst diese Präsenz ihre Einstellung zu Finanzprodukten und deren Anbietern – etwa über Weiterempfehlungen?

## 4.3  Personas

Doch wer ist nun konkret Ihre Zielgruppe? Auf den Punkt gebracht: Zielgruppen denkt man sich nicht in seiner Phantasie aus. Sie werden nicht erfunden, sondern gefunden. Jede Zielgruppe lässt sich logisch begründen. Zielgruppen-Analysen werden mit Statistiken, Studien und Befragungen untermauert. Je fundierter Sie hier vorgehen, umso konkreter können Sie später bei der Akquise, die nachfolgend beschrieben wird, agieren. Ein Beispiel für eine detaillierte Zielgruppendefinition stellen die sogenannten Persona-Konzepte (persona: lateinisch für Maske) dar. Personas sind professionelle Nutzermodelle, die über alle Branchen hinweg im Marketing und besonders intensiv im Online-Marketing eingesetzt werden.

Ziel ist es, potenzielle Kunden aus ihrer Anonymität sowie Pauschalität herauszuholen und ihnen ein authentisches Gesicht zu geben, sodass das Modell auf die Nachbarn von nebenan übertragbar sein könnte. Mit fiktiven Namen, Funktionen, beruflichen Entwicklungen, Zielen, Verhaltensweisen, Vorlieben und Erwartungen ausgestattet entsprechen Personas eins zu eins der Realität und machen diese greifbar. Um diesen Prototyp eines potenziellen Kunden abbilden zu können, bedarf es quantitativer und qualitativer Methoden, die auf der Erhebung, Sammlung und Auswertung von vorhandenen Daten und Informationen basieren. Diese können sowohl aus dem eigenen Customer Relationship Management (CRM) des Maklers stammen, als auch über Befragungen oder Interviews von spezialisierten Anbietern gewonnen werden. Eine andere Möglichkeit ist die Auswertung der Besucher auf der maklereigenen Website mit Analysetools wie zum Beispiel Google Analytics. Liegen diese Daten vor, lassen sich durch Segmentierungs- und Clusteranalyseverfahren sogenannte Kern- und Randpersonas ermitteln, die Hauptnutzergruppen und deren Untergruppen repräsentieren.

Wenn wir bei unserem Augsburger Beispiel bleiben, werden die dort erfassten Frauen und Männer bei einer Personas-Ermittlung nach der geschlechtlichen Unterteilung noch weiter spezifiziert. Also: in welchen Stadtteilen wohnen die beiden Gruppen und wie sind dort das Durchschnittseinkommen und die Wohnsituation? Wie ist der Familienstand, welchen Bildungshintergrund mit Schule, Ausbildung Studium etc. haben sie und was sind ihre aktuellen Berufe? Welchen Hobbys gehen sie nach? Üben sie ein Ehrenamt aus? Was motiviert sie, welche Vorbilder, Lebensziele, Bedürfnisse, Erwartungen und Wünsche haben sie? Wo kaufen sie überwiegend ein? Der Berater kann sich mit der Beantwortung dieser Fragen konkret in seine Kunden hineinversetzten und ihre Perspektive einnehmen.

Fragen, die Personas beantworten können

- Wie sieht ein typischer Kunde bei Ihnen aus?
- Wie kann man sich einen solchen Kunden bildlich vorstellen?
- Mit welcher Intention kommt ein potenzieller Kunde auf Ihre Website?
- Wie nutzt ein Besucher die Website und welche Ziele verfolgt er?
- Welche Inhalte, Funktionen und Services wünschen sich die Nutzer?
- Wie muss eine Website konzipiert sein, um die Erwartungen der Nutzer und Ihre Erwartungen/Ziele als Makler zu erfüllen?

**Beispiel**

Persona:

1. **Geschlecht:** männlich
2. **Alter:** 40–50 Jahre
3. **Beruf:** Unternehmensberater
4. **Familienstand:** verheiratet
5. **Kinder ja/nein, wie viele:** zwei Kinder, Tochter und Sohn im Alter von 13 und 15
6. **Haustier:** nein
7. **Lebensumstände (Wohnung/Haus):** freistehendes Einfamilienhaus
8. **Finanzielle Situation:**
   – Brutto Einkommen: 100.000 EUR p. a.
   – Liquides Vermögen (Festgelder, Tagesgeld, Girokonto): 120.000 EUR
   – Immobilienvermögen: 550.000 EUR
   – Beteiligungen: 20.000 EUR
   – Lebensversicherungen: drei Verträge mit 45.000 EUR Rückkaufswert
   – Bausparvertrag: ein Vertrag mit 40.000 EUR Sparguthaben
   – Darlehen und andere Verbindlichkeiten: keine
9. **Auto:** BMW (Wert 50.000 EUR)
10. **Hobbys:**
    – Golf, Jagd (liebt es exklusiv)
    – Teure Zigarren (ist bereit, für Qualität zu bezahlen
    – Guter Whisky (Genussmensch)
11. **Reisefreudig:** Ja
    – Mindestens dreimal Urlaub im Jahr: USA, Frankreich (Mittelmeer, Atlantik), Nord- und Ostsee (Sylt, Rügen), Skiurlaub (Österreich, Schweiz)
12. **Hauptprobleme des Kunden:**
    – Kein Vertrauen in Bankberater oder Versicherungsmakler
    – Angst, Fehler zu machen und Geld zu verlieren
    – Kein fundiertes Wissen in der Geldanlage
    – Keine Zeit, sich mit der Materie zu beschäftigen
13. **Motivation:** Mit nachhaltiger strategischer Ausrichtung Ordnung in die eigenen Finanzen bringen
14. **Favorisierte Lösung:**
    – Geld soll sicher und wertstabil angelegt sein
    – Zeitaufwand so gering wie möglich

- Finanzberater, dem man vertrauen kann
- Mit hohem Wissen und überdurchschnittlicher Kompetenz ausgestattet
- Ein persönlicher Ansprechpartner für alle finanziellen Angelegenheiten

Wenn Sie bereits in das Thema Online-Marketing eingestiegen sind und dabei die Aufschaltung eines Webshops für Finanzprodukte planen, muss auch das Online-verhalten der Zielgruppe in Ihre Untersuchungen einfließen.

## Literatur

o. V. (2004). Deutsche sind finanzielle Analphabeten. https://www.spiegel.de/wirtschaft/neue-studie-deutsche-sind-finanzielle-analphabeten-a-290856.html. Zugegriffen: 26. Nov. 2019.

# Werbung

Vielleicht haben Sie sich auch schon einmal gewünscht, dass Ihr Wartezimmer nur annähernd so voll wäre wie das Ihres Arztes. Warum ist das so? Weshalb nehmen Menschen lange Wartezeiten bei ihrem Arzt in Kauf? Würden Sie einen Kunden auch nur halb so lange warten lassen, hätten Sie ihn mit einiger Wahrscheinlichkeit verloren. Der Grund liegt auf der Hand: Wer zum Arzt geht, hat

© Springer Fachmedien Wiesbaden GmbH, ein Teil von Springer Nature 2020
A. Sommese und M. Eberhard, *Finanzberatung für das digitale Zeitalter,* Edition
Versicherungsmagazin, https://doi.org/10.1007/978-3-658-28432-9_5

irgendein akutes Problem. In vielen Fällen sogar Schmerzen. Doch Ihre Kunden haben keine (finanziellen) Schmerzen. Jedenfalls derzeit noch nicht. Im Gegenteil, ihnen geht es in der Regel recht gut. Doch die Schmerzen kommen später. Im Ruhestand zum Beispiel, wenn die gesetzliche Rente und die wenigen Kröten aus der Riester-Rente vorn und hinten nicht ausreichen, um den gewohnten Lebensstandard fortsetzen zu können. Dann werden für viele die finanziellen Schmerzen spürbar, doch für eine erfolgversprechende Therapie ist es oft schon zu spät.

Im Vergleich mit dem Wartezimmerbeispiel liegt es an genau zwei Kernpunkten, warum Sie möglicherweise nicht den Zulauf eines niedergelassenen Fachmediziners haben: Erstens: Ihren Kunden ist es nicht bewusst, dass sie dringend Ihre Beratungskompetenz in Anspruch nehmen müssen. Zweitens: Ihre (potenziellen) Kunden kennen Sie schlichtweg nicht und können daher auch nicht Ihre Hilfe in Anspruch nehmen. Daher müssen Sie dringend an Ihrer Sichtbarkeit arbeiten (vgl. Abb. 5.1).

**Abb. 5.1**  Beispiel einer Maklerwebsite. (Quelle: Eigene Darstellung)

# 5.1    Sichtbarkeit als Basis für Kundenzulauf

Wer heute erfolgreich Werbung betreiben will, muss zuallererst bei sich selbst anfangen und die eigene Sichtbarkeit im Markt überdenken. Mit Sichtbarkeit ist die Wahrnehmungswahrscheinlichkeit Ihrer bestehenden und potenziell neuen Kunden gemeint. Dabei gilt der bekannte Satz von Dale Carnegie: Tue Gutes und sprich darüber. Die Social-Media-Communities machen es vor: Ohne Eigenvermarktung geht es nicht. Jeder, der das Prinzip eines digitalen Schaufensters verstanden hat, arbeitet permanent mit Posts und Selfies an seiner eigenen Marke.

Finanzmakler tun gut daran, ihr Marketing in eigener Sache komplett zu überdenken. Zunächst geht es um die Sichtbarkeit. Was bedeutet dies? Es geht darum, dass Sie von Ihren definierten Zielgruppen wahrgenommen werden. Hier sind die digitalen Vermarktungskanäle (wir sprechen nicht mehr von „Medien") unverzichtbar geworden. Eine perfekte Präsenz auf einer professionellen Webseite und die regelmäßige „Bespielung" der sozialen Medien wird heute von jedem Makler verlangt, der mehr erreichen will als die mehr oder weniger aktive Betreuung seiner Bestandskunden.

**Sechs Grundvoraussetzungen,** damit Werbung greifen und zu einer Kundenaktion mit messbarem Vorteil für den Makler führen kann (vgl. Abb. 5.2):

- Sichtbarkeit erzeugen
- Mehrwert generieren
- Vertrauen aufbauen
- Betroffenheit auslösen
- Begehrlichkeit wecken
- Einfache Machbarkeit gewährleisten

## 5.2    Markenbildung durch Interaktion

Werbung funktioniert im Internetzeitalter anders als noch vor 20 Jahren. Der Unterschied ist gewaltig. Früher wurde Werbung eindimensional vom Unternehmen nach dem Gießkannenprinzip zum Kunden geleitet – über Zeitungsanzeigen, Radio-, TV- oder Plakatwerbung. Wer die größten Budgets hatte, der hatte auch die größte Wahrscheinlichkeit, eine Marke oder ein Produkt bekannt zu machen. Vielleicht erinnern Sie sich noch an die Daewoo-Werbung mit dem Kussmund, die der ehemalige südkoreanische Autohersteller 1995 mit einem Wahnsinnsetat von 30 Mio. EUR in Deutschland bei null Prozent

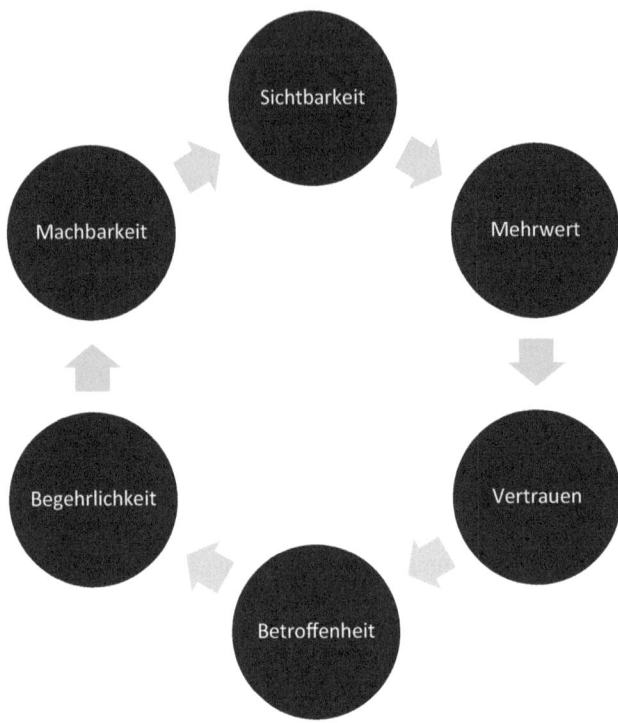

**Abb. 5.2** Elemente erfolgreicher Werbung. (Quelle: Eigene Darstellung)

Markenbekanntheit in allen damals verfügbaren Medien startete. Das Ziel einer hohen Markenbekanntheit wurde zwar erreicht, der Fahrzeugabsatz war jedoch mäßig. Damals sprach man von Reichweiten (also die Personen, die mit der Werbung tatsächlich erreicht wurden) und Streuverlusten (diejenigen Personen, die durch Nichtwahrnehmung der Werbeinhalte nicht erreicht wurden).

Das Internet und die Beliebtheit der sozialen Netzwerke hat diese einseitige Art der Kommunikation seit der Jahrtausendwende nach und nach beendet. Heute spricht man von Interaktion mit den Zielgruppen – also von Kommunikation zwischen Absender und Empfänger. Daher ist es im Übrigen auch falsch, von „Social Media" zu sprechen. „Medien" ist aufgrund der eindimensionalen Kommunikation ein Begriff aus dem Präinternetzeitalter. Richtig ist vielmehr „Soziale Netzwerke", da hier die Interaktion zum Ausdruck kommt. Über die Bedeutung des Faktors Vertrauen bei Finanzdienstleistungen hatten wir bereits gesprochen. Vertrauen als mögliche positive Folge einer oder (wahrscheinlich) mehrerer Interaktion ist kein Selbstläufer und Sie können auch nicht davon ausgehen, dass Sie automatisch weiterempfohlen werden. Hier ist vielmehr Ihre Aktivität gefragt und dabei sollten Sie unbedingt auf Ihre digitale Präsenz achten. Abb. 5.2 macht deutlich, wie Sie Ihre Aufmerksamkeit bei bestehenden und neuen Kunden erhöhen.

## 5.3 Aushängeschild Maklerwebseite

Das zentrale Aushängeschild Ihrer Sichtbarkeit ist die Maklerwebseite. Beim Thema Webseite gilt es, Klarheit zu schaffen, denn nach unserem Eindruck wird ihr immer noch zu wenig Beachtung geschenkt und sie in ihrer gesamten Dimension und den Wechselwirkungen nicht ausreichend erkannt. Jeder, der sich über einen Makler informieren möchte, der ihm beispielsweise empfohlen wurde, wird diesen in Google oder über eine andere Suchmaschine eingeben. Wer jetzt über keine moderne und ansprechende Internetpräsenz verfügt, kann diese erste Hürde der Vertrauensbildung nicht nehmen. Jetzt kommt allerdings der Unterschied: Früher war eine Webseite ein mehr oder weniger passives Instrument für den Erstkontakt, der dann über einen Telefonanruf auf Initiative des Suchenden in einen möglichen persönlichen Kontakt überging. Dies war daran erkennbar, dass viele Webseiten oft monatelang nicht gepflegt wurden und unverändert blieben.

▶ Fügen Sie einen Film mit persönlicher Ansprache auf Ihre Startseite ein und zeigen Sie sich von der menschlichen Seite.

Heute ist eine Webseite mit einem Portal in die Dienstleistungswelt des Maklers vergleichbar. Darunter ist eine multifunktionale Kommunikations- und Vertriebsplattform zu verstehen, die zusammen mit Apps und Webshop einen Dreh- und Angelpunkt für neue und bestehende Kunden bildet. Hierzu sind moderne Webseiten mit dem Customer-Relationship-System (CRM-System) des Maklers verbunden. Im Zusammenspiel bilden sie eine Steuerungseinheit für alle Werbeaktivitäten des Maklers, aber auch für Akquise, Beratung und Kundenbetreuung.

Meldet sich beispielsweise ein Kunde über ein Kontaktformular auf der Webseite, so erhält der Makler bei entsprechender Einstellung auf der zentralen Administrationsplattform ein Ticket oder eine Push-Benachrichtigung. Ebenso funktioniert die Kommunikation in die andere Richtung. Die Ansprache des Interessenten, der sich auf der Webseite im Kontaktformular angemeldet hat, kann über mehrere Kanäle erfolgen – unter anderem auch über die bekannten sozialen Medien wie Facebook, Twitter, Linkedin oder Xing, die in eine digitale Kundenkommunikation eingebunden werden und den Makler in einem modernen, interaktiven Kontext erscheinen lassen.

Zeitgemäße Webseitenkonzepte orientieren sich in Aufbau und Gestaltung an den Zielgruppen, die im vorherigen Kapitel beschrieben wurden. Wer seine Zielgruppe und ihre Einstellung oder Gewohnheiten im Detail kennt, kann eine Webseite bezogen auf Design, Bildwelten, Umfeld, Gestaltungsraster und Rahmenstruktur der Inhaltsblöcke (Wireframes) differenzieren und so die Wahrnehmungswahrscheinlichkeit erhöhen. Dies zahlt sich durch eine längere Verweildauer der Nutzer auf der Webseite und eine höhere Aktionsrate der Besucher (Conversion) aus, die vom Makler gemessen werden kann. Neben einem gut strukturierten und ansprechenden Webdesign steht eine gute Lesbarkeit an oberster Stelle, gefolgt von Design und Eleganz des Schriftbildes.

Hierzu sollten auf allen Seiten das gleiche Schriftformat und die gleiche Schriftgröße (mindestens 12-Punkt-Schrift) verwendet werden. Große und fett gedruckte Überschriften sind nur für Überschriften, wichtige Texte und Newstexte geeignet. Darüber hinaus ist für einen ausreichenden Kontrast und eine nicht zu große Satzbreite zu sorgen. Zur Auflockerung kommen Absätze und Hervorhebungen zum Einsatz. Farbkombinationen sollten angenehm sein und grelle Farben vermieden werden. Essenziell ist im Smartphone-Zeitalter das sogenannte Responsive Design, damit auch mobile Endgeräte mit voller Lesbarkeit und komfortabler Navigation optimal bespielt werden können.

## 5.4 Online-Werbung

Online-Werbung verzeichnet seit der Jahrtausendwerbung im Vergleich zur klassischen Werbung kontinuierliche Wachstumsraten und hat mit etwas Verzögerung (Vorreiter war die Konsumgüterindustrie) auch die Finanzbranche erreicht. Der digitale Werbemarkt ist zu einer relevanten Größenordnung im Gesamtwerbemarkt geworden und zeigt eine weiterhin stabile Entwicklung und hohe Dynamik. Während klassische Werbeformate in traditionellen Medien wie Fernsehen und Zeitungen in linearer Größenordnung zum Alter ihrer Nutzer zurückgehen, erobert Online-Werbung einen immer größeren Anteil am Gesamtnettowerbevolumen aller Werbeumsätze, das sich an den tatsächlich ausgehandelten Werbepreisen bemisst.

Immer mehr Zielgruppen lassen sich über das Internet besser und zudem kostengünstiger als über TV und Print erreichen, denen Übersättigung und veränderte Nutzungsgewohnheiten zusetzen. Hinzu kommt eine zielgruppengenaue Aussteuerung der Werbeaktivitäten, die bei einem effektiven Controlling permanent verfeinert werden kann und so bei angenommenen stabilen Werbepreisen die Kosten-Nutzen-Quote immer weiter erhöhen.

Unter dem Begriff Online-Werbung wird daher das Verbreiten von Informationen über unterschiedliche Formate über das Internet verstanden, um bei einer vorabdefinierten Zielgruppe einen Handlungsimpuls auszulösen, der zu einer mittelbaren oder unmittelbaren Umsatzsteigerung führen kann. Online-Werbung ist nicht mit Online-Marketing gleichzusetzen, sondern nur ein Teil von diesem.

Der Erfolg von Online-Werbung kann heute bereits in Echtzeit analysiert werden, um Werbemittel so effizient wie möglich einzusetzen. Das sogenannte Behavioral Targeting, also das benutzerdifferenzierte Anzeigen von Werbeinhalt gehört im Zeitalter der Cookies, die beim Besuchen einer Webseite die Vorlieben eines Nutzers nach vorheriger Zustimmung speichern, zum Standard von Online-Werbung.

▶ Schauen Sie sich einmal die Werbeanzeigen von anderen Finanzdienstlern auf Facebook oder bei Google an, um ein Gefühl für diese Form der Werbung zu bekommen.

Zu den Vermarktern von Online-Werbung gehört neben bekannten Größen wie Ströer Digital auch Google, das als Internet-Gigant mehr als nur eine Suchmaschine ist. Mit dem sogenannten Google-Adwords-System im AdSense-Werbenetzwerk der auf Google aktiven Werbetreibenden lässt sich im Rahmen des Placement-Targetings bestimmen, auf welchen Webseiten eine Anzeige automatisch erscheinen soll, wenn ein Zielkunde nach Themen oder Inhalten sucht. Die nutzbaren Formate sind vielfältig und umfassen Display-Werbung genauso wie Videoanzeigen und können in volldigitalen Mediaplänen abgebildet werden, die nach Eingaben demografischer Informationen der Zielgruppe vom Google Adplanner ermittelt werden.

Wer als Finanzmakler über Anzeigen in Google-AdWords nachdenkt, sollte seine Zielgruppe detailliert kennen und sich nach Möglichkeit professionelle Unterstützung durch Experten von außen holen und eine Strategie im Rahmen eines Gesamtkonzeptes erarbeiten, das sich aus den Zielen und dem Zusammenspiel der anderen Bausteine der Roadmap ableitet. Es muss dabei nicht immer die große Online-Marketing-Agentur sein. Auch ein stundenweise beschäftigter Student der Informatik oder der Kommunikationswissenschaften mit entsprechender Online-Affinität kann sich in das Thema einarbeiten und für den Makler aktiv werden, um sich so schrittweise an das Thema heranzutasten.

## 5.5    Soziale Netzwerke

Eine professionelle Präsenz auf mindestens einer der etablierten Plattformen für geschäftliche Netzwerke, XING und LinkedIn, gehört für Finanzmakler heute zum Pflichtprogramm. Selbst bei einer passiven Mitgliedschaft besteht die latente Möglichkeit, gute Kontakte zu gewinnen und sein berufliches Netzwerk stetig zu erweitern. Während LinkedIn mit aktuell über 500 Mio. registrierten Nutzern die weltweit größte Plattform ist und entsprechende internationale Kontakte bietet, konzentriert sich XING auf den deutschsprachigen Raum. Wer auf beiden Plattformen Erfolg haben will, sollte vor allem sein Profil auf dem Laufenden halten. Anders sieht es bei Facebook aus, das weltweit größte soziale Netzwerk gemessen an der Zahl der monatlich aktiven Nutzer. Im Januar 2018 lagen diese laut Statista bei knapp 2,2 Mrd. weltweit, mehr als bei YouTube (1,5 Mrd.), Instagram (800 Mio.) und Twitter (330 Mio.).

Der Mehrwert bei Facebook ist, dass die Werbung an demografischen Daten und den Vorlieben der Mitglieder des Netzwerkes ausgerichtet werden kann. Um es klar zu sagen: Die Wahrscheinlichkeit, dass Ihre (potenziellen) Kunden ein Facebook-Profil haben, ist relativ hoch. Facebook ist damit ein attraktiver Werbepartner, aber auch YouTube sollte man Beachtung schenken. Denken Sie in diesem Zusammenhang beispielsweise an Erklärvideos, in denen Sie das in der Wahrnehmung der Kunden wenig spannende Thema der privaten Altersvorsorge auf eine neue, unterhaltsame Art präsentieren. Ihrer Kreativität sind hier keine Grenzen gesetzt. Probieren Sie es aus, aber betten Sie jede Aktivität in Ihre Gesamtstrategie ein und halten Sie einen hohen Standard ein, um stets Ihre Professionalität und Kompetenz nach außen zu demonstrieren.

Facebook macht es Werbetreibenden sehr einfach, Anzeigen mit relativ geringen Kosten und hohen Wirkungsgraden (gemessen an der Conversion Rate, die das Verhältnis von Webseitenbesuchern zu getätigten Aktionen, beispielsweise Registrierungen wiedergibt) zu schalten. In weniger als 30 min lässt sich über den Werbeanzeigenmanager ein entsprechendes Konto einrichten, in der die fokussierten Zielgruppen nach unterschiedlichen Kriterien definiert und mit maßgeschneiderten Anzeigen adressiert werden können. Bei anderen Online-Werbemaßnahmen empfiehlt es sich, das Thema an einen spezialisierten internen oder externen Mitarbeiter zu delegieren und die Aktivitäten Schritt für Schritt im Gleichklang mit dem Wachstum des Unternehmens zu steigern. Beim Erreichen entsprechender Größe kann auf die Expertise einer entsprechenden Agentur zurückgegriffen werden.

▶   **Tipp**

Neue (digitale) und alte (analoge) Welt verknüpfen

Um die beiden bei Finanzdienstleistungen entscheidenden Parameter Sichtbarkeit und Vertrauen auf direktem Weg zu erreichen, empfiehlt sich eine enge Verzahnung aller Werbeaktivitäten aus der analogen und digitalen Welt. Ein Beispiel ist der seit Jahrzehnten bekannte Tag des offenen Büros, der auf den ersten Blick schon etwas angestaubt klingen mag. Tatsächlich ist er eine gute Gelegenheit, Ihre Versprechen zu Dienstleistungen und Produkten, die Sie etwa auf Ihrer Webseite, auf Landing Pages oder in den sozialen Netzwerken abgeben, physisch erlebbar zu machen.

Werbung und Akquise gehen dabei Hand in Hand, denn natürlich können Sie nicht nur über Postwurfsendungen auf den Termin aufmerksam machen, sondern sollen sich auch der sozialen Medien bedienen, um den Wirkungsgrad Ihrer Einladungen zu erhöhen. Denn letztendlich geht es auch hier darum, eine Reaktion und nachfolgende Aktion (das reale Erscheinen am Eventtag) bei potenziellen Kunden auszulösen. Das eine tun, das andere aber nicht lassen, lautet die Devise. Jede Werbeaktion sollte im Nachgang einer Kosten-Nutzen-Analyse unterzogen werden. Stimmt der finanzielle und personelle Aufwand in Relation zum messbaren Nutzen im Form einer zuordenbaren Umsatz- und Bestandserhöhung nicht, müssen die verschiedenen Stellschrauben wie Zielgruppenauswahl, Verteilergröße etc. bewegt werden, um das Ergebnis zu verändern. Im Extremfall kann eine einzelne Maßnahme komplett eingestellt werden. Auf einen Nenner gebracht lautet die Erfolgsformel für 4.0-Werbung: messen, bewerten, verstärken, korrigieren oder abstellen.

## 5.6   Alternative Werbeformen

Es wurde bereits mehrfach gesagt, dass der bloße Produktverkauf der Vergangenheit angehört. Stattdessen kommt es auf ein langfristiges Denken an, das in eine klare Strategie und Problemlösungskompetenz eingebunden ist. Achten Sie sorgfältig darauf, dass jede Werbe- und Akquiseaktivität zu einem Vertrauensgewinn und dem Aufbau Ihrer Reputation führt. Die Verknüpfung von verschiedenen Maßnahmen („Denken Sie in Kampagnen") führt zum Erfolg, nicht die isolierte Betrachtung. Gehen Sie dabei neue Wege abseits der eingetretenen Pfade, bei denen der unmittelbare Nutzen vielleicht nicht sofort zu erkennen ist.

Haben Sie beispielsweise schon einmal daran gedacht, ein Ehrenamt zu übernehmen? Nein? Dann sollten Sie es tun. So gibt es inzwischen Finanzberater, die als Geldlehrer Jugendlichen der 9. und 10. Klasse auf freiwilliger Basis in Real-, Berufsschulen und Gymnasien wöchentlichen Geldunterricht nach einem klaren Lehrplan unter Nutzung von Lehrmaterialien wie speziellen Taschenrechnern geben. Die Schüler können anschließend in kürzester Zeit ausrechnen, was sie ein Ratenkredit, Handyvertrag oder eine Autofinanzierung tatsächlich kostet und damit die Kenntnisse ihrer Eltern zu Geldangelegenheiten in den Schatten stellen. Aber Vorsicht: Achten Sie unbedingt auf Ihre Glaubwürdigkeit, wenn Sie sich für solche Maßnahmen entscheiden, und trennen Sie sauber zwischen Ihrem Job als Finanzmakler und der ehrenamtlichen Tätigkeit. Jegliche Akquisetätigkeit in der Schule und bei den Eltern ist selbstverständlich verboten und verletzt den Ehrenkodex eines Geldlehrers.

Eine andere Möglichkeit ist das sogenannte Trojaner-Marketing, bei dem Sie über ein Sachthema auf sich aufmerksam machen.

▶    **Trojaner-Marketing mit Vollmachten (vgl. Abb. 5.3)** Vollmachten (Vorsorgevollmachten, Patientenverfügung, Betreuungsvollmacht) sind ein ebenfalls in breiten Bevölkerungskreisen unterschätztes wie verdrängtes Thema. Unabhängig vom Alter kann jeder Mensch aufgrund von Unfall oder Krankheit in die Lage kommen, wichtige Angelegenheiten seines Lebens nicht mehr eigenverantwortlich regeln zu können. Hierzu gehören medizinische Fragen genauso wie Entscheidungen über das eigene Vermögen oder Kreditverträge. Da keine automatische Vertretung über Familienangehörige besteht, kommt es auf eine gültige Vorsorgevollmacht an, die eine per Dokument eingesetzte Vertrauensperson besitzt, um Rechtsgeschäfte im Sinne des Vollmachtgebers wahrnehmen zu können. Mit gezielter Ansprache per E-Mail-Marketing an einen ausgewählten Verteilerkreis aus Ihrem CRM können Sie für das Thema sensibilisieren und gleichzeitig auf eine von Ihnen organisierte Vortragsreihe mit einem Expertenanwalt zu den wichtigsten Vollmachten und Verfügungen hinweisen. Es ist offensichtlich, dass Sie bei den Kunden einen neuen Gesprächsansatz gefunden haben, der auch einen aktuellen Blick auf Vermögensfragen erlaubt. Gleichzeitig haben Sie Ihre Kompetenz auf einem neuen Themengebiet gestärkt und gleichzeitig Raum für reale und virale Weiterempfehlungen geschaffen.

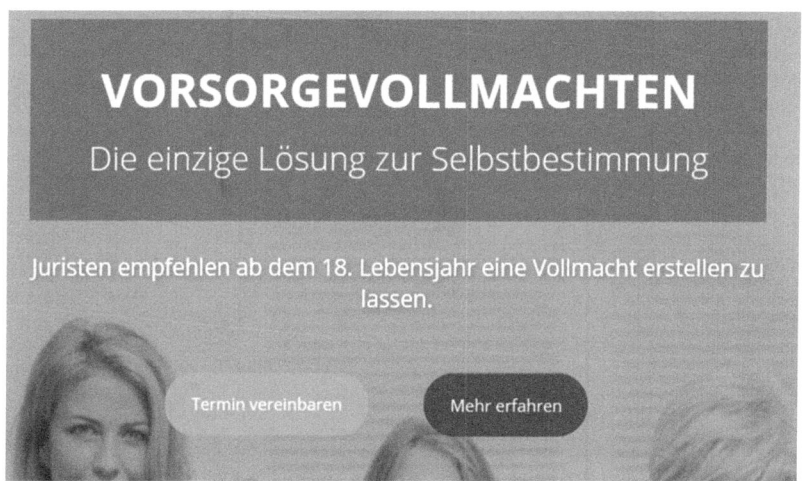

**Abb. 5.3**  Hinweis auf Vorsorgevollmachten. (Quelle: Eigene Darstellung)

**Bonus: Online-Kundengewinnung in 4 Schritten**
von Marketing Consult Alexander Kindl

Wie man als Finanzberater kontinuierlich und planbar Anfragen von neuen Premium-Kunden gewinnt

„Online Kunden gewinnen? Das mag vielleicht für Online-Shops funktionieren, aber nicht doch für mich als Finanzberater mit einer erklärungsbedürftigen Dienstleistung…"

Diese Aussage höre ich sehr oft…

Dabei ist es heute überhaupt kein Geheimnis mehr, dass jeden Tag immer mehr Menschen in den verschiedensten Branchen online nach Dienstleistungen und Produkten suchen, die ihre Probleme lösen oder Wünsche erfüllen. Diejenigen, die online am sichtbarsten sind und am vertrauenswürdigsten wirken, werden deshalb langfristig zu den Gewinnern gehören.

Auch in der Finanzbranche wird dieser Trend immer deutlicher und stärker. Mittlerweile kann jeder fast alles „Googlen". Informationen sind inflationär. Die Masse an verschiedenen Finanzinformationen zu selektieren ist selbst für Profis teilweise undurchsichtig. Kein Wunder das Sparer und Anleger aus Angst etwas falsch zu machen, Hilfe suchen und einen Berater benötigen, der ihnen Sicherheit und eine klare Strategie gibt.

Wenn man als Finanzberater also konkurrenzfähig bleiben möchte, muss man zwangsläufig lernen seine Dienstleistung dort erfolgreich zu vermarkten, wo die Nachfrage aktuell am höchsten ist:

Nämlich im Internet.

Als Finanzberater benötigt man heutzutage neben den klassischen Akquise Methoden wie Empfehlungsmarketing, Kaltakquise, Besuche auf Netzwerkveranstaltungen, etc. dementsprechend auch einen neuen Vertriebsweg, der sich ausschließlich online abspielt.

Die gute Nachricht:

Es ist mittlerweile überhaupt nicht mehr schwer im Internet Neukunden zu gewinnen, denn es gibt zahlreiche Tools und Möglichkeiten, die weder viel Technik- noch Marketingwissen benötigen.

Und das sind nur die potenziellen Neukunden, die von sich aus aktiv nach einem neuen Finanzberater suchen, weil sie merken, dass sie Hilfe brauchen und beraten werden möchten. Noch viel mehr Menschen sind unzufrieden mit ihrer jetzigen Finanzberatung und den Ergebnissen und halten bereits unterbewusst auch nach einem neuen Berater Ausschau. Die nachfolgenden Zeilen schreibe ich bewusst in der DU-Form, denn in den sozialen Medien ist diese Form am beisten vertreitet.

Wenn du es schaffst für diese Menschen sichtbar zu werden, dann erhöhst du massiv deine Chancen sie als Neukunden zu gewinnen. Dabei ist es völlig egal, ob du deine Kunden vor Ort im Büro oder über das Internet beraten möchtest.

Ich habe dir vier simple Schritte mitgebracht, wie es für dich und dein Business am einfachsten und schnellsten funktioniert:

**Schritt 1: Entscheide dich für eine Zielgruppe**

Nicht nur als Finanzberater, sondern auch in vielen anderen Branchen, treten Dienstleister häufig in die Falle „jedem und allen" helfen zu wollen. Das ist im ersten Moment auch total verständlich.

Allerdings macht diese Strategie aus Positionierungsgründen nur wenig Sinn. Denn das häufigste Ergebnis daraus ist: Je größer die eigene Zielgruppe, desto weniger Kunden gewinnt man am Ende des Tages. Das gilt vor allem für die digitale Kundenakquise. Aber warum ist das so?

Wenn du dich auf eine bestimmte Zielgruppe spezialisierst und nach außen nur diese kommunizierst, dann wirst du automatisch auch als absoluter Experte für diese Zielgruppe wahrgenommen. Deine Zielgruppe wird davon ausgehen, auch wenn sie dich noch gar nicht persönlich kennengelernt hat, dass du sie optimal verstehst und am besten weißt, wie man ihre Probleme löst. Du genießt also von Anfang an Expertenstatus und musst diesen nicht erst mühsam in einem Gespräch aufbauen.

So kannst du dich zum Beispiel auf Unternehmer, Ärzte oder Führungskräfte spezialisieren, deren Kaufkraft hoch ist und die jemanden brauchen, der ihre besondere Situation versteht.

Im nächsten Schritt entwickelst du ein Angebot, das deine Zielgruppe nicht ablehnen kann.

**Schritt 2: Habe ein unwiderstehliches Angebot**

Du bietest neuen Interessenten vermutlich ein kostenloses Erstgespräch an, weil du auf Provisionsbasis arbeitest oder deine Erstberatung grundsätzlich auch als Honorarberater kostenlos ist. Dennoch ist es fundamental wichtig, dass du ein Angebot hast, das sich quasi von selbst verkauft.

Wie soll so ein Angebot aussehen? Du benötigst dafür ein konkretes Ergebnis, das deine Kunden nach der Beratung erreichen werden. Es sollte natürlich klar sein, dass du dieses Versprechen auch wirklich einhalten kannst und es realistisch ist.

Überlege dir was deine Zielgruppe am meisten bewegt und wo sie am dringendsten Hilfe braucht und entwickle dazu ein passendes Angebot, das sie von Zustand A zu einem neuen Wunschzustand B bringt. Tritt auch gerne in direkten Kontakt mit deiner Zielgruppe und frag einfach nach, was ihre größten Kopfschmerzen derzeit sind und überlege dir, wie du diese am einfachsten lösen kannst.

Mithilfe deines unwiderstehlichen Angebots schaffst du es dann, dass sich deine Traumkunden bei dir aktiv melden werden.

**Schritt 3: Werde sichtbar und schaffe ein Problembewusstsein**
Sobald deine Zielgruppe klar definiert ist, du ein faszinierendes Angebot entwickelt und deine Positionierung ausgearbeitet hast, baue Sichtbarkeit und Reichweite innerhalb deiner Zielgruppe auf.

Denn es ist doch klar: Wie soll jemand Kunde bei dir werden, wenn er dich noch überhaupt nicht kennt?

Um einfach und schnell viel Reichweite und Sichtbarkeit aufzubauen, führt kein Weg an den sozialen Netzwerken und Suchmaschinen vorbei. Doch Achtung: Ich spreche nicht davon, dass du dir einen eigenen YouTube-Kanal, Instagram Account oder einen eigenen arbeits- und zeitintensiven Podcast zulegen musst. Diese Dinge sind im ersten Moment nur Zeitverschwendung und lenken dich davon ab Umsatz zu machen.

Es gibt nämlich einen viel einfacheren Weg Reichweite aufzubauen: Mit bezahlter Werbung auf Facebook, Instagram, Google & Co.

Alleine auf Facebook befinden sich über 30 Mio. aktive Nutzer. Diese kannst du über demografische Angaben wie Wohnort, Alter, Beruf und persönliche Interessen selektieren und von Facebook die Personen, die zu deiner idealen Zielgruppe passen, für dich ermitteln lassen.

Einfacher an relevante Informationen über die Menschen zu kommen, die wir ansprechen möchten, geht es wirklich nicht.

**Schritt 4: Ein klarer Verkaufsprozess**
Mit dem Expertenstatus, den du dir mithilfe deiner Positionierung aufgebaut hast, kannst du nun im ersten kostenlosen Beratungsgespräch die tatsächlichen Probleme deines Interessenten ermitteln. Bohre solange genauer nach bis du ein klares Bild von seiner aktuellen Situation hast. Sobald du seine Situation verstanden hast, wechsle vom Schmerz in den Wunsch des Interessenten und bitte ihn, dir seine Ziele und Pläne für die Zukunft mitzuteilen.

Wichtig dabei: „Reden ist Silber, Schweigen ist Gold." Was meine ich damit? Gutes Zuhören führt zu einem besseren Verständnis der Situation und der Interessent liefert dir von sich aus alle entscheidungsrelevante Informationen und Kaufsignale um Kunde bei dir zu werden. Bleibe beharrlich und der Abschluss gelingt dir mit einer höheren Wahrscheinlichkeit.

Wenn du dieses vier Schritte-System richtig einsetzt, wirst du mehr Anfragen von Premium Kunden erhalten, die von dir beraten werden möchti, mehr Umsatz machen und deutlich mehr am Ende des Tages verdienen.

Wenn du wissen möchtest, wie das im Detail für dich funktioniert, dann gehe auf den Link www.alexanderkindl.de/kostenloses-strategiegespraech und bewirb dich für ein kostenloses Strategiegespräch: Denke immer daran: Die Konkurrenz schläft nicht und immer mehr Finanzberater schaffen es bereits heute durch diesen Prozess online neue Kundenanfragen zu gewinnen und gewinnen damit stetig an Marktanteilen.

Dein
Alexander Kindl
Marketing Consult

# Akquise

## 6.1 Kundenbeziehungen neu definieren

„Anhauen, umhauen, abhauen": Sicher kennen Sie den Dreiklang, der im produktorientierten Finanzvertrieb über Jahrzehnte hinter vorgehaltener Hand gepflegt wurde. Diese Zeiten sind zum Glück vorbei, seitdem der Gesetzgeber durch die Regulierung eingegriffen hat und von Produktgebern und Vermittlern

© Springer Fachmedien Wiesbaden GmbH, ein Teil von Springer Nature 2020
A. Sommese und M. Eberhard, *Finanzberatung für das digitale Zeitalter*, Edition Versicherungsmagazin, https://doi.org/10.1007/978-3-658-28432-9_6

die Durchführung einer Geeignetheitsprüfung verlangt, die über den Abschluss-
zeitpunkt hinausgeht. Nicht das kurzfristige Provisionsdenken und der Verkauf
möglichst vieler Produkte in möglichst kurzer Zeit ohne die Nachbetreuung des
Kunden im Blick zu haben, stehen heute im Fokus, sondern die Stetigkeit und
Nachhaltigkeit einer Kundenbeziehung, die mit zunehmender Dauer an Breite
und Tiefe gewinnt.

Eine Kundenbeziehung ist heute nicht nur in ihrem Verlauf anders definiert
als früher, sondern auch zu ihrem Beginn. Dies hat erhebliche Auswirkungen auf
die Akquisestrategie, in der Versuch und Irrtum der Vergangenheit angehören.
Eine ungeplante Kundenansprache frisst Ressourcen, die an anderer Stelle fehlen. Zugleich werden Chancen vertan und unnötige Risiken aufgeworfen, da ein
Kunde, den Sie mit Ihrer Ansprache nicht überzeugen konnten, dies über sein
persönliches und digitales Netzwerk weitertransportieren kann. Denn virale Ver-
breitung kann sich mit positiven Weiterempfehlungen sowohl positiv als auch
negativ auswirken.

Alles was Sie bei der Akquise tun, will wohlüberlegt sein und sollte auf seine
langfristige Wirkung hin überprüft werden. Auch bei der Gewinnung von Kontakten, den Leads, die auf das langfristige Potenzial einer Kundenbeziehung
setzen, ist eine systematische Herangehensweise gefragt. In der Praxis hat sich
die Akquisestraße bewährt, die wie ein Filter aufgebaut ist (vgl. Abb. 6.1). Die
Akquisestraße setzt bei den Werbeaktivitäten an, die wir in Kap. 5 beschrieben
haben und die zu einer gesteigerten Sichtbarkeit des Maklers führen. Im nächsten Schritt werden die verwertbaren Kontakte vom Makler gefiltert, sodass die
vertrauenswürdigen Interessenten übrig bleiben. Wenn Interessenten schließ-

**Abb. 6.1** Akquisestraße.
(Quelle: Eigene
Darstellung)

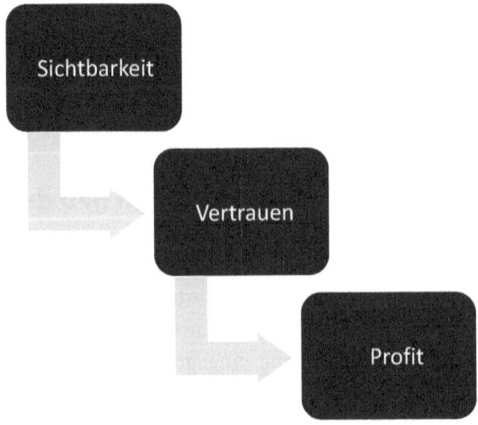

lich zu Kunden werden, ist aus Interesse Vertrauen in die Kompetenzen und die Fähigkeiten des Maklers entstanden, einen Mehrwert zu liefern, für den der Kunde bereit ist zu zahlen.

Merken Sie den Unterschied? Statt auf der kurzlebigen Produktebene bewegen wir uns gedanklich auf der strategischen Beziehungsebene zwischen dem Makler und seinen Kunden, die den elementaren Grundstein für Folgegeschäft und nachhaltiges Einkommen legt. Dies gelingt erst dann, wenn der Makler bereit ist, sich intensiver mit dem Kunden und den dahinter stehenden psychologischen Abläufen in der Kontaktphase auseinanderzusetzen, als dies möglicherweise in der Vergangenheit der Fall war.

Wer bei der Akquise erfolgreich sein will, muss also vor allem Vertrauen aufbauen. Über die besondere Bedeutung dieses Begriffs in der Finanzdienstleistungsbranche und die Schwierigkeit, verlorenes Vertrauen zurückzugewinnen, hatten wir bereits gesprochen. Vertrauen erzeugen Sie nicht mit Produkten. Diese sind nach Qualität und Nutzen vielfach austauschbar und machen Sie austauschbar. Vertrauen erzeugen Sie nur über sich als Person. Abgesehen von nur noch geringen Anreizen, am schnelllebigen Produktverkauf festzuhalten (die Offenlegung von Provisionen und ihre Weitergabe an den Kunden als Folge der Regulierung lassen grüßen) ist es viel spannender, als Beratungspersönlichkeit aufzutreten, die die Probleme ihrer Kunden löst.

Als People Business steht die Person des Beraters mit seinen fachlichen, analytischen und empathischen Fähigkeiten im Kundenkontakt auch im Zeitalter von Finanzberatung 4.0 im Vordergrund. Nur wer gut mit Menschen kann, wird auch ein guter Berater sein können. Ohne die berühmten sensiblen Antennen, den Kunden dort abzuholen, wo er sich gerade befindet, wird es kaum möglich sein, nachhaltige Kundenbeziehungen aufzubauen. Gleichzeitig hat die Digitalisierung zur Folge, dass ungeachtet der genutzten Quellen und eines tatsächlichen Halbwissens sich Kunden zumindest besser informiert fühlen und daher selbstbewusster auftreten. Mit Fachwissen zu glänzen und durch diese „Überlegenheit" den Kunden zu einem „Abschluss" zu überreden, kann daher ganz schnell kontraproduktiv werden. Vielmehr gilt es, aus Sicht des Kunden zu denken und eine verständnisvolle wie wertschätzende Beziehungskultur zu pflegen.

Spielen Sie diese Beziehungsebene aus, indem Sie auf Ihrer Webseite Sachthemen in den Vordergrund stellen und damit Ihre Lösungskompetenz zeigen. Lösen Sie bei Ihren Kunden Emotionen wie Betroffenheit, Nachdenklichkeit etc. aus, die nur auf der Beziehungsebene entstehen können. So wird es Ihnen gelingen, die Abstraktheit von Finanzprodukten aufzubrechen und stattdessen konkret am Kunden und seinen Bedürfnissen zu arbeiten. Die Kunst besteht darin, die Komplexität von Finanzberatung gegenüber den Kunden auf klare

Botschaften zu reduzieren, ohne sie im Geiste eines zugespitzten Produktverkaufs zu simplifizieren. Machen Sie vermeintlich trockene Finanzthemen erlebbar und laden Sie sie emotional auf.

Sie denken, Sie haben nicht die Zeit, mit ihren Kunden auf Dauer so intensiv zu kommunizieren? Dafür gibt es die neuen Möglichkeiten der digitalen Kommunikation, bei denen Sie mit einem intelligenten System von einem Maklerdienstleister alle verfügbaren Kommunikationskanäle vom Newsletter über E-Mails und Push-Nachrichten bis hin zu den sozialen Netzwerken bespielen können.

## 6.2    Akquisemanager

Akquise muss Spaß machen. Sie denken genau das Gegenteil? Akquise ist mühsam und zeitaufwendig? Denn kennen Sie den Akquisemanager noch nicht. Dabei handelt es sich um einen klar strukturierten, digital gestützten Ablauf, mit dem sich alle vorhandenen Potenziale gezielt identifizieren, strukturieren und ausschöpfen lassen. Dieser besteht aus der Qualifikation des Kontaktes, der eigentlichen Kontaktphase, der Angebotsphase, der Umsetzungsphase und der Betreuungsphase (Abb. 6.2).

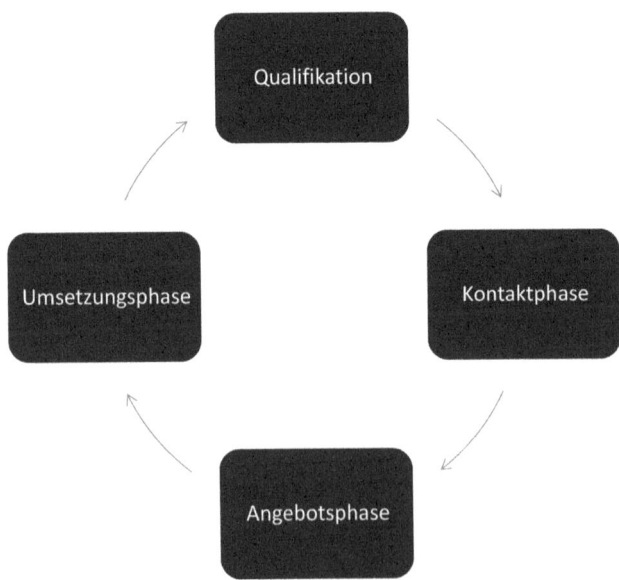

**Abb. 6.2**  Ablauf des Akquiseprozesses. (Quelle: Fondskonzept AG)

**Ablauf des Akquiseprozesses**

1. Qualifikation des Kontakts
2. Kontaktphase
3. Angebotsphase
4. Umsetzungsphase

In der Angebotsphase sollten Sie diejenigen Kommunikationskanäle bevorzugt nutzen, die Ihr (potenzieller) Kunde gewählt hat und die Sie über die Kontaktpunkte systemseitig auslesen konnten – ob einzeln oder in Kombination.

Bei der Qualifikation des Kontaktes werden die vorhandenen und digital (zum Beispiel über die Registrierung eines Interessenten auf der Webseite) gewonnenen Daten nach ihrem Potenzial aufbereitet und mit persönlichen Basisdaten, Bankverbindung, Haushaltsverbund etc. in das Customer-Relationship-Management-System des Maklerdienstleisters eingegeben. Dies geschieht im Regelfall systemseitig über Schnittstellen, kann aber auch aus Excel-Listen gelesen werden. Im Anschluss werden die Kontakte nach den Unterscheidungskriterien der unterschiedlichen Vertriebsansätze weiterverarbeitet. Mit wenigen Fragen kann hier eine gute Aufteilung erreicht werden, die den Boden für die weiteren Aktivitäten des Akquiseprozesses schafft: Besitzt der Kontakt ein Depot? Einen Freistellungsauftrag? Ist ein Anlegerprofil vorhanden?

Sind Sie in die Kontaktphase eingetreten, empfiehlt sich eine größtmögliche Standardisierung nach Erfolgswahrscheinlichkeit und Potenzial. Über das Online-System des Maklerdienstleisters geben Sie ein, welche Ihrer Kommunikations- und Werbemaßnahmen Ihren zukünftigen Kunden erreichen sollen. Hier können Sie über eine Schnittstellenverknüpfung zum CRM auch erkennen, über welches Kommunikationsmedium Sie ein Kunde kontaktiert sowie wie Sie mit ihm in Kontakt treten.

Zur effizienten wie effektiven Steuerung der Aktivitäten in der Kontaktphase empfehlen wir, in Ihrem Terminkalender ein separates Akquisetool zu nutzen, in dem Ihre gesamten Maßnahmen aus der Kontaktphase hinterlegt sind, also beispielsweise einen Erstkontakt zum Depot, Anrufe wegen Interesse an einem Sparplan, Prüfung von Beratungsmappen oder das Versenden von E-Mails zu Demokonten. Wie bei nahezu allen Prozessen, die in der Roadmap beschrieben werden, sollte auch die Kontaktphase standardisiert ablaufen. Dies bezieht sich auch auf Ihre Akquisetätigkeiten, die fest in den Tagesablauf eingeplant werden müssen. Ein Beispiel ist das tägliche Cross-Selling bei einem Bestandskunden sowie die tägliche Akquise eines Neukunden. Diese Aktivitäten werden flankiert durch aktive Kampagnen, bei denen Sie den gesamten Baukasten aus dem vorherigen Kapitel der Werbung nutzen können.

In der Umsetzungsphase, dem vorletzten und zum Ziel führenden Schritt des Akquiseprozesses, können Sie die Früchte eines gut aufgesetzten Cross-Channel-Vertriebs ernten. Ob persönliche Beratung, Abschluss über den Online-Shop oder App – an dieser Stelle zeigt sich, dass Ihre Strategie aufgegangen ist und die einzelnen Bausteine der Roadmap ineinandergreifen. Der letzte Schritt ist die Betreuungsphase, in denen die Kundenbeziehung an Breite und Tiefe gewinnt und der Kunde seine bevorzugten Kommunikationskanäle im Zusammenspiel mit dem Berater noch intensiver nutzen wird.

▶ Betreiben Sie Akquise exakt anhand der bei den Roadmap-Kapiteln Planung, Positionierung, Zielgruppenbestimmung und Werbung gewonnenen Informationen und Aktivitäten. Priorisieren Sie Ihre Aktionen zur Akquise und messen Sie im Nachgang den Erfolg. Verändern und verbessern Sie Ihre Strategie, wenn Sie Schwächen feststellen und Sie Ihre Zielgruppen nur unzureichend erreichen. Basis ist der sogenannte Akquise-Manager, ein spezielles Onlinetool, das in das IT-Gesamtsystem eines Maklerdienstleisters eingebunden sein sollte. Planen Sie die Akquise sorgfältig mit allen Einzelmaßnahmen in Ihrem Wochenkalender. Akquisetätigkeiten zur Ansprache neuer Kunden sollten nach unseren Erfahrungen einen Zeitanteil von mindestens 30 Prozent einnehmen. Überlegen Sie zu jedem Wochenbeginn, was Ihre Zielgruppen bewegen könnte und machen Sie daraus eine Kampagne, die Sie auf die Startseite Ihrer Webseite stellen und auf den digitalen Kanälen zum Beispiel per E-Mail-Marketing verstärken.

**Fragen zum Ausbau der Bestandskundenbeziehung**
- Wie viele Kunden haben kein Depot oder Wohngebäudeversicherung bei mir?
- Wie viele Kunden haben keinen Sparplan bei mir?
- Wie viele Kunden haben ihren gesamten Freistellungsauftrag bei mir?
- Bei wie vielen Kunden habe ich abgelaufene Lebens- und Rentenversicherungen im Bestand?
- Wie viele Kunden haben eine Servicegebühr?
- Wie viele Kunden nutzen meine App?
- Wie viele Kunden nutzen meinen digitalen Finanzordner?
- Wie viele Kunden haben Kinder, die wiederum kein Depot bei mir haben?
- Wie viele Versicherungspolicen habe ich pro Kunde?
- Wie viele Kunden nutzen die Riester & Rürup-Rente?
- Wie viele Kunden haben eine konkrete Finanzplanung mit mir besprochen?

Sie werden staunen, welches Potenzial allein in Ihren Beständen schlummert, wenn Sie diesen Fragekatalog konsequent abarbeiten. Doch der Akquisemanager hat noch weitere hocheffektive Bausteine in seinem Köcher. Bauen Sie zum Beispiel Ihr Empfehlungsmarketing aus und sprechen Sie die über Ihr Kundennetzwerk gewonnenen Kontakte gezielt an – mehr dazu im zehnten Kapitel. Arbeiten Sie dabei mit Zielen, die Sie mit konkreten Zahlen hinterlegen und in festen Zeitabständen – am besten wöchentlich – herunterbrechen und überprüfen können. Also zum Beispiel 240 Kontakte pro Jahr ergeben 20 Kontakte pro Monat und ein Kontakt pro Tag. Bei einer Quote von eins zu acht ergeben sich daraus 60 Kunden pro Jahr.

## 6.3 Akquise als konzertierte Aktion

Akquise wird erst im systematischen Zusammenspiel verschiedener Bausteine aus dem Akquisebaukasten erfolgreich für das Neugeschäft. In unseren Vorträgen sprechen wir von 120.000 EUR Anlagekapital im Monat, die ein Makler einwerben kann, wenn er über ein ausgefeiltes Akquisesystem verfügt, das mit den anderen Punkten der Roadmap organisatorisch und technologisch verzahnt ist. Nehmen wir einmal an, dass jeder Makler über mindestens 480 Kontakte verfügt. Mit dem Akquisemanager kann er diese jeden Monat kontaktieren und dafür auf die Werkzeuge aus der Werbung zurückgreifen, also Posts und Blogs in sozialen Netzwerken oder ein Newsletter-System nutzen. Zudem sollte der Makler auf seiner Webseite mit periodisch wechselnden Kampagnen zu Fachthemen und Produkten sowie begleitenden Kundenevents arbeiten.

Aus seinen 480 Kontakten sucht der Makler 20 aus, die er mit einem individuelleren Angebot kontaktiert. Er kann ihnen zum Beispiel eine persönliche Anlageempfehlung aus dem Investmentfondsbereich schicken. Auch hier hält sich der Aufwand in Grenzen, da der Makler bei 20 ausgewählten Ansprechpartnern nur einen einzigen Kunden am Tag kontaktieren muss. Anschließend fasst der Makler telefonisch nach – bei 20 Kontakten ist es somit nur ein Anruf am Tag – und versucht einen Vertragsabschluss.

Zehn Kontakte sagen nach den Erfahrungen beim ersten Gespräch wahrscheinlich ab. Sechs Adressen kommen auf die Wiedervorlage und vier davon schließen einen oder mehrere Verträge ab. Bei einem von einem Makler im Investmentfondsbereich durchschnittlich verwalteten Vermögen von 30.000 EUR pro Kunde ergibt sich für vier Akquisekunden die Summe von 120.000 EUR Neugeschäft im Monat.

**Akquisetools**
- Makler-Webseite
- Landingpage
- Mandantenportal
- Social Media (Facebook, Xing, LinkedIn)
- Newsletter
- Makler-Apps
- Systeme zur Administration und Steuerung (eigenes CRM, Maklerdienstleister-Plattform)
- Kampagnen
- Automatisiertes Wiedervorlagesystem

Zeigen Sie Aktivität. Wenn Sie nichts tun, wird auch nichts geschehen. Wenn Sie als Finanzdienstleister nicht agieren, machen Sie kein Neugeschäft.

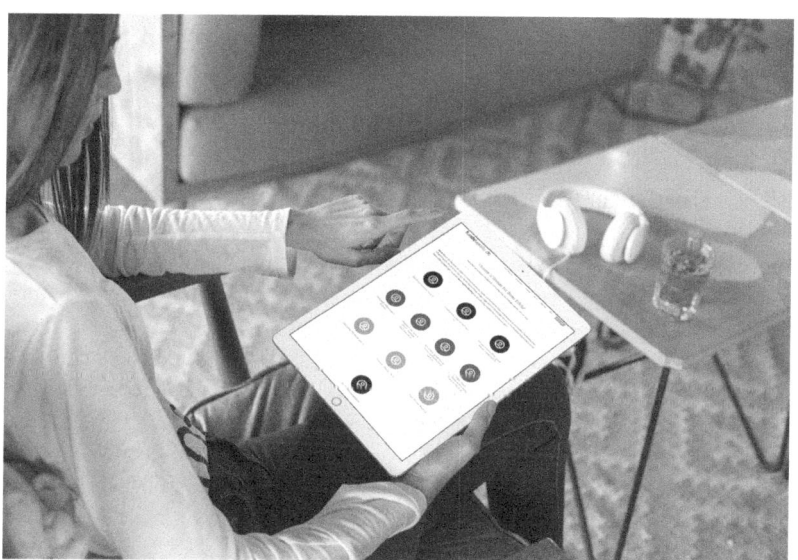

## 7.1    Auf dem Weg zum Cross-Channel-Vertrieb

Die Digitalisierung verändert nicht nur die Finanzdienstleistungsbranche. Die gähnende Leere, die sich in vielen kleineren und mittleren Städten in Deutschland breitmacht, zeigt, in welchem Wandlungsprozess wir uns befinden. Wer als Verbraucher heute etwas kaufen möchte, etwa ein Paar Schuhe, hat deutlich

© Springer Fachmedien Wiesbaden GmbH, ein Teil von Springer Nature 2020    61
A. Sommese und M. Eberhard, *Finanzberatung für das digitale Zeitalter,* Edition
Versicherungsmagazin, https://doi.org/10.1007/978-3-658-28432-9_7

mehr Möglichkeiten als früher. Er kann wie seit Jahrzehnten gewohnt ein Einzel-
handelsgeschäft physisch aufsuchen oder er bestellt bequem per Tablet von seinem Sofa aus. Der Kunde hat die Wahl, wo und wie er sich informiert und im
Anschluss kauft. Eigeninformation, Inanspruchnahme von Beratung, Kaufentscheidung und der eigentliche Kauf sind damit entkoppelt, können aber durchaus
auch von einem Absender sein. Nicht nur das Zustandekommen der Entscheidung
ist komplexer, auch die Vertriebswege sind es. Stichwort ist der Multi-Channel-
Vertrieb, bei dem Verbraucher über verschiedene Kommunikationskanäle
angesprochen werden, die kaufmännisch, organisatorisch und logistisch getrennt
sind. Werden sie miteinander verknüpft, spricht man von Cross-Channel-Vertrieb, was in der Praxis bei einem Finanzmakler die Regel sein wird. Denn nur
über ein gemeinsames Abwicklungssystem und Customer Relationship Management ist eine praktikable Steuerung und Koordination der Vertriebsaktivitäten
möglich (Lesen Sie hierzu auch unser Bonuskapitel zu den rechtliche Rahmenbedingungen am Ende dieses Buches).

## 7.2    Der Online-Shop als Verkaufsmotor

Online-Shops boomen. Nahezu jedes dritte Konsumgut wird heute laut Hoch-
rechnung des Statistik-Portals www.statista.com per Mausklick auf www.ama-
zon.de, www.otto.de oder www.zalando.de gekauft. Hierzu ein paar Zahlen:
Der voraussichtliche Gesamtumsatz des B2C-Umsatzes in Deutschland wird
sich auf Basis der Zahlen des Handelsverbandes Deutschland (HDE) 2019 auf
57,8 Mrd. EUR belaufen. Auch langlebigere Wirtschaftsgüter wie Kraftfahrzeuge
werden zunehmend online geordert. Das gilt inzwischen auch für den Foodbe-
reich bei Lebensmitteln, die heute von immer mehr Menschen über die Online-
Portale der Lebensmittelriesen wie www.Edeka24.de oder www.rewe.de geordert
und frei Haus geliefert werden.

Die digitale Bewegung hat inzwischen Finanzdienstleistungen erfasst, wenn
auch in verringertem Umfang. So betrug im Jahr 2017 das Marktvolumen alter-
nativer Online-Finanzdienste 595 Mio. EUR. 1,75 Mio. Deutsche nutzen täglich
das Internet für ihre Bankgeschäfte. Über 40 Finanztechnologie-Unternehmen
sind allein in Berlin registriert. 46 % der 18- bis 29-jährigen Deutschen wollen
ihre Bankgeschäfte in Zukunft per Smartphone erledigen. Merken Sie etwas?
Hier ist eine gigantische Veränderung im Gange, die noch längst nicht an ihrem
Ende angekommen ist.

Denn Ergebnisse aus Status quo und erwartetem Nutzungsverhalten zeigen,
dass der Anteil der online erworbenen Finanzprodukte weiter steigen wird. Für

den Makler bedeutet diese Einschätzung, dass auch er sich mit den Gegebenheiten eines Cross-Channel-Vertriebs auseinandersetzen muss, bei dem der Face-to-Face-Absatz um digitale Shopkonzepte ergänzt und vernetzt betrieben wird. Denn während beim Multi-Channel-Vertrieb die einzelnen Kanäle wie Präsenz- und Online-Shop aufeinander abgestimmt angeboten, aber unabhängig voneinander bedient werden, sind sie beim Cross-Channel-Vertrieb eng miteinander verzahnt. Anders als beim Multi-Channel-Ansatz können Nutzer zwischen unterschiedlichen Kontaktpunkten wechseln, ohne dass der Kaufprozess wieder bei null beginnt (Abb. 7.1).

Bei einem Finanzmakler bedeutet das, dass ein Online-Shop vernünftigerweise in seinen Internetauftritt integriert ist. Unabhängig vom genutzten Kanal, also sowohl Face-to-Face als auch im Webshop, kann der Kunde dasselbe Angebot bekommen. Es gibt allerdings einen entscheidenden Unterschied zu einer persönlichen Produktvermittlung hinsichtlich der Beratungspflichten und der Risikoaufklärung.

Sowohl im Wertpapier- als auch im Versicherungsbereich verzichtet der Kunde durch Anklicken eines deutlich sichtbaren Buttons auf persönliche Beratung. Bei Online-Shops etwa, die Wertpapierpublikumsfonds anbieten, handelt es sich nach der derzeitigen Rechtslage um beratungsfreies Geschäft einer bloßen Ausführung (Execution only) mit Haftungsausschluss, bei dem der Makler dem Kunden lediglich in Form eines technischen Assistenten zur Verfügung steht. Das Rechtsgeschäft steht damit außerhalb der Bestimmungen des Wertpapierhandelsgesetzes (WpHG). Entscheidet sich ein Kunde in Eigenregie für einen Kauf, werden die Fondsanteile wie bei anderen Produkten in den „Warenkorb" gelegt und

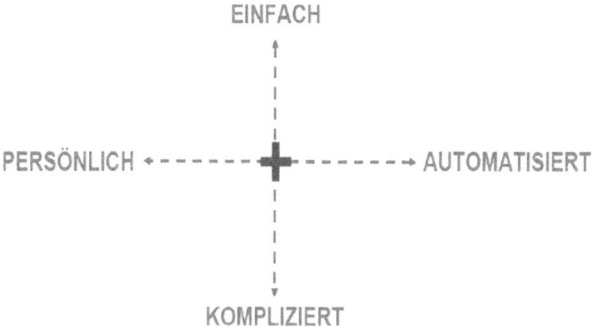

**Abb. 7.1**  Spannungsfeld im Finanzvertrieb. (Quelle: eigene Darstellung)

an der „Kasse" bezahlt. Der Einkauf folgt den bekannten intuitiven Abläufen des Online-Shoppings und schafft so auch bei Finanzprodukten erstmals ein virtuelles Einkaufserlebnis. Mit wenigen Klicks kann ein Depot eröffnet und sofort „befüllt" werden. Im Investmentfondsbereich kommen hierfür Einzelfonds sowie Modellportfolios für Sparpläne und Einmalanlagen infrage, bei Versicherungen ist es die klassische Privathaftpflichtversicherung, die Risikoleben-Police oder die Kraftfahrtversicherung.

▶        Integrieren Sie auf Ihrer Firmenwebsite einen Endkundenrechner,
         somit werden Sie auch als Portal wahrgenommen und ein Abschluss
         ist durch den Kunden direkt möglich.

Auf Ausgabeaufschläge sollte bei diesem Vertriebsweg aufgrund der Marktsituation im Wettbewerb mit Finanztechnologie-Unternehmen konsequent verzichtet werden, die Einnahmen bestehen bei gängigen Modellen vielmehr aus einer anteiligen Servicegebühr und Abschlussfolgecourtage. Da ein Webshop geradezu prädestiniert für die Neukundengewinnung ist, sollten Sie auch möglichst viele Anreize einbauen, damit es nicht bei bloßem Interesse bleibt, sondern ein Kauf ergebniswirksam abgeschlossen wird. Nehmen Sie sich dazu die Webshops aus dem Konsumgüterbereich zum Vorbild. Diese bieten Neukunden eine Fülle von Vorteilen für den ersten Kauf – ob einen Einkaufsgutschein, keine Berechnung von Versandkosten oder den bekannten Entscheidungsbeschleuniger bei Neueröffnungen, bei dem die ersten 50 Kunden eine attraktive Prämie bekommen. Umsatzfördernd ist auch ein Weiterempfehlungsprogramm – dazu später mehr im Kapitel Referenz und Empfehlung.

Wer einen Online-Shop betreibt, sollte darüber im Klaren sein, dass es mit der bloßen Schaltung nicht getan ist, wenn man ihn so professionell und effektiv wie möglich nutzen möchte. Ein zentraler Punkt sind hier die Kaufabbrüche. Das bedeutet, ein Kunde verweilt auf Ihrem Webshop, es kommt beim sogenannten Check-out zu einem Abbruch, sodass kein Vertrag zustande gekommen ist.

Nach aktuellen Zahlen der Mannheimer Social Media Akademie liegt die Abbruchquote bei deutschen Webshops unabhängig von der Branche bei ca. 40 %. Gleichzeitig analysiert weniger als die Hälfte der Händler die Gründe für ein solches Verhalten. Und nur jeder zweite Händler aus dieser aktiven Gruppe handelt, indem er seinen Online-Auftritt modifiziert. Die Gründe für einen Kaufabbruch sind vielfältig, bei Finanzdienstleistungen jedoch leichter einzugrenzen als bei Konsumprodukten. Sie können etwa in technischen Problemen begründet liegen, einem umständlichen Kaufprozess oder zu kompliziert erscheinenden Produktinformationen. Und natürlich können vor einem Bezahlvorgang auch Einwände auftauchen, die Sie aus Ihren Beratungsgesprächen kennen. Hier kommt die bekannte Einwandbehandlung ins Spiel, die Sie etwa als eigenes Fenster in einem Frage-Antwort-Katalog erscheinen lassen können. Die häufigsten Einwände werden hier übersichtlich aufgelistet und mit klaren, prägnanten Argumenten entkräftet.

Sorgen Sie an dieser Stelle mit einem Gütesiegel für zusätzliches Vertrauen und platzieren Sie sich mit einem separaten Kontaktfenster mit Telefonnummer oder einer Chatfunktion, damit der Interessent Sie kontaktieren kann, falls es technische Probleme gibt oder Fragen entstanden sind. Und zuletzt sollten Sie dies wissen: Über 50 % der Kunden brechen eine Order aufgrund einer unpassenden Bezahlmethode ab. Auch dieser Punkt muss geklärt sein – auch im Hinblick auf mobile Nutzer.

Auch wenn Sie bis dato noch keinen Webshop haben, sind diese Punkte essenziell und sollten bereits in der Konzeptphase berücksichtigt werden. Es gibt inzwischen viele Tools auf dem Markt, bei denen eine Auswertung des Nutzerverhaltens im Hintergrund abläuft oder vom Makler-Dienstleister angeboten wird.

Auf die in diesem Buch an mehreren Stellen genannte Sichtbarkeit des Maklers wirkt sich ein Online-Shop nach unseren Erfahrungen und denen zahlreicher Maklerkollegen positiv aus, da nicht nur die Vertriebskanäle erweitert werden, sondern auch die Marke des Unternehmens in erheblicher Weise profitiert. Denken Sie nur an die Erweiterung der regionalen auf eine nationale Präsenz in 16 Bundesländern, was durch die Erweiterung des Potenzials auf theoretische 82 Mio. Einwohner einem Quantensprung gleichkommt. Mit einem einprägsamen Shopnamen, der bei der Internetsuche gut zu finden ist, sowie flankierender Internetwerbung erhält ein Webshop zusätzlichen Rückenwind.

Um Neukunden für einen Online-Shop zu gewinnen, muss dieser eng mit der Akquise verzahnt sein. Daher ist es ratsam, auf ein integriertes digitales Gesamtkonzept eines Maklerdienstleisters zurückzugreifen, das neben einem Homepagebaukasten auch die Aufschaltung eines Online-Shops ermöglicht. In Ergänzung dazu stehen dem Makler häufig fertige Kampagnen und weitere Marketingbausteine mit einer Schnittstelle zum CRM-System zur Verfügung.

Fazit: Im Wettbewerb mit Online-Anbietern sollte ein Finanzberater mehr und mehr die Rolle eines Coaches einnehmen und dabei die vielfältigen Möglichkeiten digitaler Infrastruktur zur Neukundengewinnung und Umsatzausweitung zu nutzen wissen. Er ist nicht nur Informationsvermittler, sondern „Kurator", der die von den Kunden dank moderner Medien wahrgenommenen Informationen filtert und entsprechend aufbereitet, damit diese die richtigen Entscheidungen in Eigenregie treffen können. Wie sich eine auf diese Weise entstandene

Kundenbeziehung weiterentwickelt, hängt von ihrem Potenzial und den nachfolgenden Aktivitäten des Beraters zur Ausschöpfung ab.

In jedem Fall hat es der Makler in der Hand, den Online-Shop im Zusammenspiel mit den weiteren Vertriebswegen auf Grundlage seiner operativen und strategischen Ziele zu steuern. Dies betrifft vor allem die Ansprache der geeigneten Zielgruppen für den Webshop mit den richtigen Produkten. Mit einem intelligenten Konzept kann sich der Makler ein erhebliches Neugeschäft von Kunden außerhalb seines bisherigen analogen Geschäftsgebietes sichern – mit einem überschaubaren Aufwand für den Betrieb des Webshops und ohne die administrativen Pflichten im physischen Vermittlungsgeschäft. Nutzen Sie diesen attraktiven Vertriebsweg. Sie werden überrascht sein, welche enormen Potenziale er beim zukünftigen Anteil an Ihrem Gesamtgeschäftsvolumen bietet.

## 7.3   Emotionalisierung

Warum gelten Finanzprodukte als unattraktiv? Weil sie dem Kunden keine oder nur wenige Emotionen bieten. Wer sich ein Auto, Unterhaltungselektronik oder ein Kleidungsstück kauft, erwirbt dabei auch die Emotionen, mit denen eine bestimmte Marke besetzt ist, sofern es sich nicht gerade um ein Massenprodukt mit geringem Wert handelt. Wer genau hinschaut, wird feststellen, dass sich ein Produkt umso besser verkauft, je größer seine emotionale Aufladung ist. Davon profitiert eine Marke und nimmt an Wert zu. Luxusmarken haben demzufolge die höchste Assoziation mit Exklusivität, Status und Abgrenzung.

Bei Investmentfonds, Lebensversicherungen und Banksparplänen fehlen diese Emotionen, wenn man nicht gerade den Handel mit Aktien oder Währungen als sein Hobby betrachtet. Eine kleine Ausnahme sind Immobilien. Sie lassen sich in einer schnelllebigen Welt als individuelles Gut mit der exponierten Ausrichtung einer Wohlfühl- und Rückzugsoase emotionalisieren. So ist es beispielsweise den Bausparkassen bereits vor Jahrzehnten gelungen, im Zusammenhang mit dem Erwerb von Wohneigentum positive Assoziationen beim Kunden zu wecken, die sich dann auf ein eher trockenes Produkt, den Bausparvertrag, übertragen lassen.

Worin liegt also die Lösung? Unsere klare Empfehlung: Laden Sie das Thema Finanzberatung emotional auf. Wecken Sie Begeisterung bei Ihren Kunden, indem Sie die Touchpoints zu Ihnen und den Produkten intensivieren. Betreiben Sie Storytelling. Schaffen Sie Anlässe. Der Schlüssel zur Umsetzung sind auch hier die digitalen Medien mit der Visualisierung der Problemstellungen. Die Angebotsphase, um die es hier geht, muss in jedem Fall Betroffenheit beim Kunden auslösen. Machen Sie Finanzberatung so konkret wie möglich, arbeiten Sie mit Musterdepots, um zu verdeutlichen, warum Investmentfonds bei Sparplänen durch höhere Renditen mehr bieten als ein Sparbuch und schneller zum Ziel führen. Visualisieren Sie Ihr Preismodell einer Flatrate gegenüber einer Depotgebühr (Abb. 7.2).

Wer im Beratungsgespräch mit Kunden und Interessenten erfrischend anders wirkt, erhöht seine Chancen für Folgegeschäft und Empfehlungen. Die relevanten Fragen zum Thema Beratung und Verkauf lauten: Wie wird ein Kundentermin zum Erlebnis? Welche unverwechselbaren Eigenschaften bringen Sie mit, damit Ihr Profil für Ihre Kunden klar erkennbar wird? Haben Sie die Gabe, zuhören zu können, anstatt sich in den Vordergrund zu schieben? Die Zeit der Selbstdarsteller, die ihre Kunden mit einer Leistungsschau an geballter Kompetenz zu beeindrucken versuchen, ist auch in der Finanzbranche vorbei. Ein solches Verhalten wird den Kunden eher verunsichern, da er sich unterlegen fühlt. Er wird froh sein, wenn der Termin vorbei ist.

**Abb. 7.2** Emotionalisierung einer Beratung zur Zukunftsvorsorge. (Quelle: Fondskonzept AG)

Machen Sie daher jeden Kundentermin zum Erlebnis. Hierfür ist ohne Zweifel Empathie gefragt, um sich in sein Gegenüber hineinversetzen und in der jeweiligen Stimmungslage abholen zu können. Stellen Sie dazu die richtigen Fragen im richtigen Moment. Statt Frontalgesprächen sollte der Kunde in die Beratung aktiv eingebunden werden. Geben Sie ihm ein Tablet in die Hand und lassen Sie ihn die eigenen Zahlen eingeben, anstatt ihm alles vorzurechnen. Ein solches Vorgehen ist tausendmal sinnvoller, als den Kunden mit Verkaufshilfen geradezu zu erschlagen. Die psychologische Motivationsforschung kann belegen, dass Ergebnisse, die durch eigene Aktivität zustande kommen, eine tiefere Wirkung erzielen und eher zu einer nachfolgenden Handlung bewegen als bei passivem Zusehen und Zuhören.

Ihr Kunde muss das Gefühl bekommen, dass Sie ihm einen einzigartigen Service zukommen lassen, der über das einzelne Kundengespräch hinaus geht und auf ihn zugeschnitten ist. Gehen Sie in der Beratung weg von spontan initiierten Einzelaktionen und schaffen Sie stattdessen individuelle Servicewelten mit einer Rundum-Betreuung, die persönliche Ansprache und Informationen aus der digitalen Welt miteinander verbindet. Hierzu gehört der klassische Geburtstagsglückwunsch genauso wie das Kundenevent oder die App sowie der regelmäßige Depotcheck.

**Bausteine ganzheitlicher Kundenbetreuung**
- Kundenevents
- Kundenzugang & App
- Monatsbericht
- Quartalsbericht
- Risikoüberwachung
- Depotlimits
- Einzelfondslimits informativ/ausführend
- Rund-Mail: „Für Sie gelesen"
- Warnhinweise
- Rebalancing
- Depotcheck
- Freistellungsoptimierung
- Sparzielüberwachung
- Geburtstagsglückwunsch

## 7.4 Reflexion von Beratungsgesprächen: Vier Aspekte des Verkaufs

Spiegeln Sie Ihr Auftreten im Beratungsgespräch in regelmäßigen Abständen und holen Sie sich Unterstützung von außen durch spezialisierte Trainer. Vermeiden Sie es allerdings, solche Coaches zu buchen, die Ihnen in Form von Verkaufsschemata etwas überzustülpen versuchen. Ein guter Coach analysiert immer zuerst Ihre Persönlichkeit und arbeitet die Stärken so heraus, dass Sie Ihre Authentizität behalten und sich nicht verstellen müssen.

Investieren Sie in sich, in Ihre Persönlichkeit, in Ihre Ausstrahlung sowie Ihre rhetorischen Fähigkeiten. Sprache und Rhetorik haben eine unglaubliche Macht. Es gilt, in seiner Sprache mit der Zeit zu gehen, um sein Gegenüber zu erreichen, ohne sich dabei zu verstellen. Gute Rhetorik lässt sich erlernen. Darunter ist die Kunst zu verstehen, mit Klarheit und Nachdruck zu kommunizieren, um seinen Worten mehr Gewicht zu verleihen. Nicht zu unterschätzen ist dabei auch die Körpersprache, denn sie unterstreicht das Gesagte auf eindrucksvolle Weise.

Beschäftigen Sie sich also intensiv mit Ihrer eigenen persönlichen Ausstrahlung und den unterschwelligen Prozessen Ihrer Beratungs- und Verkaufsgespräche. Beim Übergang einer einzelnen Sache/Dienstleistung von einem Verkäufer auf einen Kunden findet weit mehr als der Tausch Geld gegen Ware/Dienstleistung statt. Vielmehr offeriert der Verkäufer immer auch sich selbst bzw. sein Unternehmen.

Die emotionale Ebene schwingt dabei automatisch mit, ob gewollt oder ungewollt. Das gilt für alle Vertriebswege, offline wie online. Es ist daher immens wichtig, dass der Kunde ein gutes Gefühl gegenüber dem Verkäufer und seinem Unternehmen hat. Kultmarken wie Apple machen es vor, denn sie haben keine Kunden, sondern vielmehr: Fans und Fans kaufen (fast) alles. Ein gutes Gefühl gibt dem Kunden Sicherheit. Die Sicherheit, dass seine Entscheidung, diesen einen Anbieter auszuwählen, richtig war, dass er es wieder tun und das Unternehmen seinen Bekannten empfehlen würde. Letztendlich geht es darum, dass der Kunde ein gutes Gefühl gegenüber sich selbst hat.

Wenn Kunden nicht kaufen, dann deswegen, weil sie nicht überzeugt sind. Sie glauben nicht daran, dass sie es umsetzen können. Das heißt für den Berater, dass er seinen Job noch nicht zu Ende gebracht hat. Er muss beim nächsten Termin/Gespräch nachlegen und die Sicherheit des Kunden erhöhen. Auch hier ist der Erfolg planbar und erlernbar, denn es gibt ein Schema zu den vier emotionelen Aspekten des Verkaufens:

**Expertenstatus vermitteln**

Der Makler muss sich als Finanzexperte verkaufen und als solcher ohne Einschränkung wahrgenommen werden. Dahinter steht eine Story. Wie wurde der Makler das, was er heute ist? Warum ist er selbstständig? Wie ist seine Lebensgeschichte und welche Hürden hat er bereits wie gemeistert? Hierbei ist Authentizität wichtig. Es geht nicht darum, dick aufzutragen und Geschichten zu erfinden. Vielmehr geht es um Glaubwürdigkeit, um dem Kunden einen persönlichen Zugang zum Makler zu eröffnen und die Chance zu eröffnen, sich mit ihm identifizieren zu können. Allein dies gibt dem Kunden bereits ein Gefühl von Geborgenheit und Sicherheit.

**Beispiele nennen**

Nichts ist schlimmer als ein Verkäufer, der seine Kunden nicht erreicht und auf sie unverständlich, abstrakt oder gar arrogant und belehrend wirkt. Neben einer klaren und direkten Sprache, die an den jeweiligen Kundentypus angepasst ist, muss ein guter Makler seine Dienstleistung und seine Produkte erklären können. Dies funktioniert am besten mit echten Beispielen aus dem persönlichen Umfeld. Wie konnte der Makler eigene Ziele mit der vorgestellten Lösung erreichen? Welche Erfahrungen hat er dabei gesammelt? Versuchen Sie, Ihre Argumentation auf ein leicht verständliches Konzept herunterzubrechen und überzeugend zu vermitteln, warum auch der Kunde von dieser Lösung profitieren wird. Der Kunde wird über ein reales Vorbild in seinem Handeln bestärkt und bekommt ein Gefühl der Sicherheit.

**Vision aufzeigen**

Glaubwürdigkeit wird beim Kunden immer auch über das Unternehmens erzeugt. Gemeint sind hier die unverwechselbaren Merkmale, die das Unternehmen zu den Wettbewerbern abgrenzen und damit eine Vision erzeugen. Der Makler muss die Vision seiner Firma verkaufen können, sodass daraus ein konkretes, einprägsames Bild erscheint: Was macht das Unternehmen und was will es erreichen? Wie liegen besondere Meilensteine und welche Strategie steckt dahinter? Welchen Beitrag leistet das Unternehmen für die Gesellschaft? Der Kunde erhält so die Möglichkeit, sich mit dem Makler und seinem Unternehmen zu identifizieren und mit **beiden** zu verbinden.

**Sicherheit geben**

Der Aspekt der Sicherheit ist das A und O in einer Kundenbeziehung. Die Dienstleistung des Maklers muss dem Kunden Sicherheit in allen Belangen und entlang der gesammten Wertschöpfungskette von der Akquise bis zur Nachbetreuung geben. Dies geschieht durch einen konkreten Plan, welche Ergebnisse mit welchem Ziel und in welcher Reihenfolge erreicht werden sollen. Der Plan soll so detailliert wie möglich sein und auch alle Zwischenschritte enthalten, da sie bereits Erfolgserlebnisse vermitteln und messbare Mehrwerte für den Kunden aufzeigen.

Der Kunde muss wissen, dass er dem Makler VERTRAUEN kann und nur er und kein anderer den Plann umsetzen wird. Dagegen muss der Makler seinen Kunden begleiten. Stellen Sie sich die Stützrädern an einem Fahrrad vor, diese sind mit dem Makler gleichzusetzen. Er ist so lange an der Seite des Kunden, bis dieser alleine fahren kann. Das tiefe Gefühl von Vertrauen und Sicherheit beseitigt Zweifel und muss vor einer Kaufentscheidung zwingend vorhanden sein,

Wenn einer der vier genannten Aspekte nicht erfüllt ist, wird der Kunde nicht kaufen. Deswegen muss der Makler die einzelnen Punkte während des Gesprächs bis ins kleinste Detail ansprechen und den Kunden reflektieren lassen. Daher ist stets darauf zu achten, dass die vier Aspekte in den Leitfaden für das Beratungsgespräch fest eingebaut sind.

# Kundenbetreuung

8

Mal Hand aufs Herz: Wie beurteilen Sie Ihre technische Ausstattung und Ihre Prozesse bei der Betreuung Ihrer Kunden? Das Thema einer fehlenden oder unzureichend gepflegten Webseite mit veralteten Inhalten hatten wir bereits angesprochen. Es ist offensichtlich, dass hier Möglichkeiten verschenkt werden, wenn sich potenzielle Kunden nicht über Leistungen informieren können. Gelegentlich soll es vorkommen, dass Makler noch einen Account von GMX

© Springer Fachmedien Wiesbaden GmbH, ein Teil von Springer Nature 2020    73
A. Sommese und M. Eberhard, *Finanzberatung für das digitale Zeitalter,* Edition Versicherungsmagazin, https://doi.org/10.1007/978-3-658-28432-9_8

oder T-Online als geschäftliche E-Mail-Adresse nutzen. Und es gibt tatsächlich noch einen Restbestand an Maklern, die bereits über viele Jahrzehnte im Geschäft sind und ihre Bestände aus den guten alten Aktenordnern noch nicht EDV-technisch erfasst haben. Wiederum andere unterhalten eine Mischung aus Ordnern und Hängeregistratur, EDV und dem Wissen des Verkäufers. Die Kernfrage der Kundenbetreuung ist, wie ein individueller Kundenservice mit standardisierten Prozessen erreicht werden kann.

Es ist nachvollziehbar, dass solche schwerwiegenden Versäumnisse den Makler auf seinem Weg in die professionelle digitale Welt aufhalten. Dabei ist es mit guter technischer Unterstützung bei einem überschaubaren Aufwand möglich, ein erhebliches Neugeschäft zu generieren. Voraussetzung: Der Makler greift bei der Kundenbetreuung auf ein leistungsfähiges Customer-Relationship-Management- System (CRM) zurück und nutzt es im Zusammenspiel mit den anderen Bausteinen der Roadmap. Das CRM und sein digitalisierter Adressbestand eröffnen dabei vielfältige Möglichkeiten. Meldet sich beispielsweise ein Kunde über ein Kontaktformular, so kann der Makler in den Voreinstellungen der Administrationsplattform seines Maklerdienstleisters dafür sorgen, dass er eine Push-Benachrichtigung über die zentrale Administrationsplattform bekommt. Diese kann dann sowohl auf seinem Bürocomputer als auch per App unterwegs auf dem Smartphone oder Tablet gelesen werden.

## 8.1    Virtueller Finanzordner

Wer mit seinen Kunden in einem stetigen Kommunikationsprozess eintreten möchte, um Akquisechancen zu nutzen und ihnen ein individuelles Serviceerlebnis zu bieten, muss sie mit allen Informationen zu ihrem Vermögensstatus versorgen. Diese Aufgabe erfüllt ein virtueller Finanzordner, der wie in einer Bilanz den gesamten Vermögens- und Versicherungsstatus abbildet und dem Kunden sowohl auf klassischen Desktops als auch per App auf Smartphone oder Tablet zur Verfügung gestellt werden kann. Auf der Aktivseite des Finanzordners werden Barvermögen, Bankkonten, Bausparverträge, Sparkonten, Festgelder, Kapitallebensversicherungen, Gold, Gemälde oder Oldtimer abgebildet. Auf der Passivseite stehen dagegen Ratenkredite und Immobiliendarlehen sowie sonstige Schulden. Bei einem erweiterten Feld der Risikoabsicherung finden sich Personenversicherungen wie ein Schutz vor Berufsunfähigkeit sowie Sachversicherungen wie Haftpflicht, Hausrat oder Kfz-Policen.

Was früher vom Kunden getrennt nach Produkten, Familienmitgliedern und vermittelnden Finanzdienstleistern zusammengetragen und – entsprechende

Disziplin vorausgesetzt – mühsam in Akten-Ordnern abgeheftet werden musste, lässt sich heute mit einem leistungsfähigen Online-System als einheitliche Vermögens- und Vertragsübersicht in aktualisierter Echtzeit darstellen. Mit diesem unübertroffenen Serviceerlebnis ist naturgemäß eine erhebliche Zeitersparnis verbunden, die aus dem Verzicht auf Papierdokumente und die anschließende Einsortierung beim Kunden in ein physisches Ablagesystem resultiert.

Noch weiter gedacht handelt es sich beim virtuellen Finanzordner um den Einstieg in eine professionelle Finanzplanung, wie sie auch im Rahmen einer Honorarberatung umgesetzt werden kann. In jedem Fall ist sie der Einstieg in ein geplantes Cross- und Up-Selling. Ob Wertpapierdepots, Vermögen aus Beteiligungen, Sachwerten oder Immobilien, Versicherungen, Verbindlichkeiten aus Immobilienfinanzierungen oder Ratenkrediten – der aktuelle finanzielle Gesamtstatus ist jederzeit in einer konsolidierten Übersicht abrufbar. Innerhalb einer Familie lassen sich dabei auch mehrere Personen zu einer gemeinsamen Bilanz zusammenfassen. Änderungen der persönlichen Daten können vom Kunden direkt erfasst werden. Dabei werden sie systemseitig über Schnittstellen automatisch an Produktlieferanten der Aktiv- und Passivseite weitergegeben, ohne diese einzeln informieren zu müssen.

Ein virtueller Finanzordner fördert in nicht zu unterschätzender Weise die Informationskultur und Transparenz gegenüber dem Kunden, die aus der zeitgerechten Bereitstellung aller Unterlagen wie Beratungs- und Vertragsdokumente, Performance- und Transaktionsdaten, Schriftverkehr oder Quartalsberichte resultieren. Sie verbinden sich mit der Kundenkenntnis einer möglichen Schwachstelle innerhalb der Vermögens- und Schuldenbilanz und entsprechendem Handlungsbedarf – etwa bei Fälligkeiten oder auslaufenden Verträgen. So gehen im (Beratungs-)-Alltag bekanntermaßen manche Angelegenheiten durch Zeitmangel auf Kundenseite und nicht zustande gekommene Beratungstermine unter – mit der Konsequenz unbefriedigender Ergebnisse und verpasster Chancen für beide Seiten. Der Makler wird zudem viel häufiger auf einen vorbereiteten Kunden treffen und einfacher argumentieren können.

Des Weiteren bekommt der Makler mit dem virtuellen Finanzordner und der Einsicht in die komplette Vermögens- und Schuldenbilanz zahlreiche Anknüpfungspunkte für einen Ausbau der Geschäftsbeziehung in weitere Kompetenzfelder.

Es ist sicherlich nicht zu bestreiten, dass dieser Effekt wie bei der App auf den Berater abstrahlt und ihm Pluspunkte hinsichtlich seiner Innovationsfähigkeit und Wahrnehmung als moderner 4.0-Berater bringen wird. Ohne Zutun des Beraters entsteht bei den Kunden das starke Gefühl, ihre Finanzen im wahrsten Sinne des Wortes eigenverantwortlich im Griff zu haben (Abb. 8.1).

**Abb. 8.1**  Beispiel eines Mandantenportals. (Quelle: eigene Darstellung)

Hinzu kommen weitere Effizienzvorteile, von der alle beteiligten Einheiten der Wertschöpfungskette aufgrund der umfassenden Datenaufbereitung profitieren – Kunde, Makler Produktlieferanten, Dienstleister wie etwa Depotbanken sowie Steuerberater und Wirtschaftsprüfer. Eine virtuelle Finanzdokumentation ist zudem die Basis für weitere Anwendungen der digitalen Administration, darunter die elektronische Signatur, die bei Depoteröffnungen, Wertpapierorders und zahlreichen weiteren Vertragsdokumenten zur papierlosen Übermittlung optional genutzt werden kann.

## 8.2 Kunden-App als Informations- und Kommunikationszentrale

Das Bereithalten einer Kunden-App gehört heute für einen Finanzmakler, der mit dem Angebot von Finanztechnologie-Unternehmen (Fintechs) mithalten möchte, unabhängig vom Nutzungsgrad der derzeitigen Zielgruppe zu einem unverzichtbaren Service und integralen Bestandteil der technischen Infrastruktur. Neben einer intelligenten Steuerung und Standardisierung der mit der Kunden-betreuung verbundenen Prozesse erreicht eine solche App einen strategischen Wettbewerbsvorteil für den Berater. Experten erwarten, dass bis zum Jahr 2025 mehr als die Hälfte der Vertragsabschlüsse zu Finanzprodukten mit Apps initiiert und durchgeführt werden. Apps sind aus dem Alltag der Menschen nicht mehr wegzudenken und in allen Lebensbereichen der nahezu 50 Mio. Smartphone- und Tablet-Nutzer in Deutschland angekommen. Die Smartphone-Anwendungen wer-den für Makler immer mehr zur Eintrittskarte in die digitale Welt, ihre Bedeutung und die daraus resultierenden Chancen werden in der aktiven Kundenbetreuung häufig unterschätzt. Apps ermöglichen den Kunden einen innovativen Zugang zum Thema Finanzdienstleistungen, da Informationen zum persönlichen Finanz-status überall und jederzeit unabhängig von der persönlichen Präsenz des Beraters verfügbar sind (Abb. 8.2).

Eine App ist jedoch deutlich mehr als ein Informationsportal für die Ver-mögensbilanz des Kunden. Intelligent eingesetzt und um eine Chatfunktion

**Abb. 8.2**  Beispiel für eine App. (Quelle: Fondskonzept AG)

ergänzt kann der Makler über sie die gesamte virtuelle Kommunikation mit dem Kunden steuern und so für beide Seiten administrative Erleichterungen mit einer erheblichen Zeitersparnis schaffen. Voraussetzung ist, dass die Bereitschaft des Kunden zur App-Nutzung vorhanden ist, wovon man bei einer steigenden Anzahl der App-Nutzer ausgehen kann. Nach unserer Erfahrung werden Kunden allein durch das orts- und zeitunabhängige Angebot, sich über die App mit ihren Finanzen aktiv beschäftigen zu können, motiviert, den Berater auch aus eigenem Antrieb zu kontaktieren.

▶ Mit der digitalen Unterschrift über die App können Sie bis zu 30 % Ihre Beratungsdokumentation einsparen. Der Kunde unterschreibt über die digitale Signatur in der App.

## 8.3  Newslettersystem

Um mit dem Kunden in Kontakt zu bleiben, hat sich als weiterer effekti ver Baustein ein Newslettersystem bewährt. Solche Newsletter – versendet über klassisches E-Mail-Marketing und technisch eingebunden in die HTML-Programmierung der Website – ermöglichen bei guter Aufmachung und einem modernen Layout mit persönlichem Editorial des Maklers, kurzen Fließtexten und einigen Bildern sowie Grafiken die periodische Ansprache von Bestandskunden zu aktuellen Schwerpunktthemen und Zielgruppenmaßnahmen des Maklers. Durch die Einbindung in das CRM und automatisierte Layoutvorlagen von Maklerdienstleistern können Mitteilungen zu interessanten Themen schnell und einfach produziert und im gewünschten Zeitturnus an die Kunden geschickt werden.

Für die Response des Kunden lassen sich die Newsletter mit der Homepage des Maklers verknüpfen, die in einer aktuellen Überschrift das angestoßene Thema übernommen hat und dieses in seiner argumentativen Wirkung beim Kunden verstärkt. Gleichzeitig wird der Kunde über eine App zu Angeboten, Terminen für Kundenveranstaltungen oder sonstigen Anlässen informiert, die sich in der Feineinstellung zielgruppengerecht und individuell aufbereiten lassen. Die Wahrnehmung einer neuen Servicedimension des Maklers durch den Kunden wird auch bei diesem Baustein der Kundenbetreuung nicht lange auf sich warten lassen.

## 8.4 Datenschutz: Neue Datenschutzgrundverordnung

Beim Thema Kundenbetreuung ist es erforderlich, das Thema Datenschutz noch stärker im Blickfeld haben. So gilt seit dem 25. Mai 2018 die Datenschutz-Grundverordnung (DSGVO) in allen Mitgliedstaaten der Europäischen Union (EU) und somit auch in Deutschland. Mit der zugrunde liegenden EU-Datenschutz-Grundverordnung wurde das Datenschutzrecht weitgehend reformiert und für den EU-Raum vereinheitlicht. Es gilt per definitionem für alle „verantwortlichen" natürlichen oder juristischen Personen, die über die Zwecke und Mittel der Verarbeitung von personenbezogenen Daten entscheiden.

Somit müssen auch Finanzmakler Sorge tragen, dass bei jedem Verarbeitungsgang die Vorschriften der Verordnung eingehalten werden, wofür sie haften und bei Nichtbeachtung mit Strafzahlungen und Sanktionen belegt werden können. Hintergrund der DSGVO ist, dass für alle für die Öffentlichkeit und die Zielgruppen des Unternehmens bestimmte Informationen präzise, leicht zugänglich und verständlich sowie in klarer und einfacher Sprache verfasst sind. Falls ein Dienstleister im Auftrag des Maklers personenbezogene Daten erhebt, verarbeitet oder nutzt (sogenannte Auftragsdatenverarbeitung), müssen die zugrunde liegenden Verträge zur Auftragsdatenverarbeitung an die Vorgaben der Verordnung angepasst sein. Technische Abläufe auf Ihrer Webseite und den Kunden-Apps müssen dem Schutz der Privatsphäre durch datenschutzfreundliche Voreinstellungen Rechnung tragen und ihn auf allen Stufen der Wertschöpfungskette beachten. Die Erhebung von personenbezogenen Daten ist auf das erforderliche Mindestmaß zu beschränken. Darüber hinaus ist die Datenschutzkonformität durch den Makler als Teil des Betriebsführungssystems jederzeit nachzuweisen.

- Stellen Sie sich im Zusammenhang mit der Datenschutz-Grundverordnung Zusammenhang folgende Fragen: Haben Sie Ihre Dokumente und Beratungshilfen sowie Verträge und die darin enthaltenen Allgemeinen Geschäftsbedingungen (AGBs) sowie die Datenschutzerklärung auf Transparenz und Verständlichkeit geprüft?
- Ist ein Widerrufsrecht in den Einwilligungs- und Datenschutzerklärungen enthalten – inklusive der darauffolgenden unverzüglichen Löschung von personenbezogenen Daten?
- Haben Sie die Verträge zur Auftragsdatenverarbeitung an die Verordnung angepasst?
- Sind Ihr Internetauftritt und Ihre Kunden-Apps mit der DSGVO konform?

Aufgrund der hohen Komplexität und juristischer Fallstricke bei der Umsetzung mit unübersehbaren Folgen und Haftungsrisiken empfiehlt es sich, auf die Infrastruktur eines Maklerdienstleisters oder Pools zurückzugreifen und nur hinsichtlich der DSGVO geprüfte Verträge, Dokumente und Textbausteine für die Website zu verwenden. Ein solches Vorgehen ist schon allein deshalb sinnvoll, weil Einwilligungen für die Verwendung von personenbezogenen Daten über Datenschutzvereinbarungen vom Kunden nur einmal und beispielsweise nicht für jede Depotstelle bzw. genutzte Software einzeln eingeholt werden müssen.

# Controlling 9

## 9.1 Steuerungszentrale

Wer als Unternehmer professionell agieren möchte, kommt um ein professionelles, hochwirksames Controlling nicht herum. Controlling ist ein Teilbereich des unternehmerischen Führungssystems, in dem Planung, Steuerung und

© Springer Fachmedien Wiesbaden GmbH, ein Teil von Springer Nature 2020
A. Sommese und M. Eberhard, *Finanzberatung für das digitale Zeitalter,* Edition Versicherungsmagazin, https://doi.org/10.1007/978-3-658-28432-9_9

Kontrolle aller Unternehmensbereiche angesiedelt sind. Im Controlling laufen die Daten des Rechnungswesens und anderer Quellen zusammen. Regelmäßige Auswertungen – mindestens wöchentlich, am besten an jedem Arbeitstag, sind unerlässlich, wenn das Controlling wirkungsvoll etabliert und seiner steuernd einwirkenden Kernfunktion gerecht werden soll. Für Sie als Makler bedeutet dies, Ihre Ziele zum Thema Planung aus der Roadmap regelmäßig zu überprüfen und anzupassen. In der strategischen Perspektive müssen Sie die Frage beantworten können, wie schnell Sie in der Lage sind, auf Marktveränderungen zu reagieren.

Aus den Zahlen Ihres Controllings erfahren Sie zum Beispiel, welche Ihrer Tätigkeiten aus Ihrem beruflichen Alltag tatsächlich zu einem Einkommen führen und welche Kunden welche Deckungsbeiträge beisteuern – über solche Kunden, die Ihre wertvolle Zeit mit stundenlangen Telefonaten ohne monetären Gegenwert rauben – hatten wir bereits gesprochen.

Zusammengefasst gilt dabei die RRPW-Regel:

- Risiken minimieren
- Rendite optimieren
- Prozesse optimieren
- Wachstum generieren

## 9.2    Renditeperspektive

Wenn Sie Ihr Unternehmen neu aufstellen bzw. ausrichten und in enger Zusammenarbeit mit Ihrem Maklerdienstleister ein leistungsfähiges Controllingsystem etablieren, werden Sie bei der Untersuchung Ihrer Kostenstrukturen automatisch zu der Grundsatzfrage kommen, welche Prozesse Sie weiterhin selbst durchführen wollen und welche Sie über ein Outsourcing besser auslagern. Ausgangspunkt dieser Entscheidung sind naturgemäß die Potenziale, die Sie bei einem Outsourcing einsparen. Die Digitalisierung schafft durch geradezu revolutionäre Veränderungen in der Wertschöpfungskette des Maklers zu schnelleren, direkteren Abläufen, die den Kunden problemlos in Echtzeit erreichen können, eine völlig neue Ausgangssituation. Denken Sie an den Wegfall interner Abwicklungskosten oder die Einführung der digitalen Unterschrift auf den Kundendokumenten im Fonds- wie im Versicherungsbereich, sodass diese papierlos und revisionssicher von den Produktlieferanten weiterverarbeitet werden können. Diese inzwischen eingespielten Prozesse umgehen Postlaufzeiten, Übermittlungsfehler und verkürzen die Bearbeitungsdauer von Neupolicierungen, Depoteröffnungen, Vertragsänderungen und Orders erheblich.

Eine elektronische Signatur ermöglicht es, Effizienz, Servicequalität und innovative Technik zu verbinden und gegenüber dem Kunden zu punkten. Grundlage für die Einführung waren die neugeschaffenen Schnittstellen zur Investmentfonds- und Versicherungsgesellschaften. Bei Letzteren können inzwischen neben den Vertragsdokumenten auch Schadensmeldungen, Inkasso-Daten und Datensätze nach sogenanntem GDV-Standard ohne Unterbrechung der Übermittlung über den Maklerdienstleister eingelesen werden. Der GDV-Standard bildet die wichtigste Norm, um die Vertragsinformationen zwischen dem Produktgeber und dem Vermittler auszutauschen. Im Regelfall aktualisiert der Versicherer den GDV-Datensatz einmal pro Monat. Datensätze im GDV-Format sind schwer lesbare Textdateien. Daher nutzen Versicherungsmakler meist ein Maklerverwaltungsprogramm. So werden die Daten in einer einfach zu bedienende Oberfläche dargestellt. Unter dieser Oberfläche kann anschließend der Ist-Vertragsbestand des Kunden über verschiedene Versicherungsgesellschaften hinweg angesehen werden.

Ein weiteres Feld stellt die Wirtschaftsprüfung dar, die für Makler mit Zulassung nach dem Gewerberecht seit 2013 nach § 24 Finanzanlagenvermittlungsverordnung (FinVermV). vorgeschrieben ist. Diese lässt sich heute elektronisch an den Steuerberater/Wirtschaftsprüfer übermitteln. Mit dem speziellen Modul kann die Prüfung automatisiert vorgenommen werden.

### Hintergrund Informationen

Kurz erklärt: BiPRO-Norm

Der BiPRO e. V. (Vollname: Brancheninstitut für Prozessoptimierung) ist eine Organisation, die für die Finanzdienstleistungsbranche Standards der Informationstechnik erarbeitet, um unternehmensübergreifende Prozesse zu vereinheitlichen. In dem Verein arbeiten sowohl Versicherungs- als auch Maklerunternehmen an den Standards mit. Mitglieder können nur juristische Personen (Unternehmen, Körperschaften, Vereine und Verbände) oder Personengesellschaften sein, die der Versicherungs- bzw. Finanzdienstleistungswirtschaft im weitesten Sinne angehören oder eine prozessbezogene Verbindung zu ihr aufweisen. Die Ergebnisse der Standardisierung des BiPRO e. V. werden in den Normen der BiPRO dokumentiert. Die Normen beschreiben alle Festlegungen, die für die Prozesse und Daten getroffen werden.

Mit der Gründung des Vereins bis zum Jahr 2007 wurde das Release 1 der BiPRO-Normen erstellt und freigegeben. Im Jahr 2008 wurde damit begonnen, das Release 2 der Normen zu erarbeiten. Dabei wurde unter anderem das Datenmodell grundlegend überarbeitet. Die aktuelle Weiterentwicklung der Normen findet im Release 2 statt. Derzeit gibt es Implementierungen von Normen im Release 1 und im Release 2.

Neben den monetären Einsparungen werden Sie auch einen Anstieg Ihres Zeitkontos verbuchen können, da Ihnen durch den Quantensprung bei der Effizienz mehr Arbeitsstunden zur Verfügung stehen.

**Arbeiten Sie noch effektiv oder schon effizient?**

Effektivität und Effizienz – beide Begriffe werden oft verwechselt oder synonym verwendet. Dabei gibt es einen erheblichen Unterschied zwischen effektivem und effizientem Arbeiten, wie dieses einfache Beispiel deutlich macht: Angenommen, Sie reinigen Ihre Terrasse mit einer Zahnbürste. Das ist effektiv, weil die Terrasse irgendwann sauber ist. Effizient ist es hingegen nicht, denn Sie müssen unglaublich viel Zeit und Arbeit investieren. Deshalb kaufen Sie sich einen Hochdruckstrahler. Sie erreichen Ihr Ziel (die Terrasse ist sauber) nun mit viel weniger Aufwand. Also arbeiten Sie effizient.

# Referenz und Empfehlung  10

## 10.1 Umsatzturbo im digitalen Zeitalter

Haben Sie bei den vorherigen Kapiteln überzeugen und Ihre bestehenden und neu gewonnenen Kunden von Ihrer herausragenden Problemlösungsfähigkeit und der neuen Servicedimension in einer ganzheitlichen Betreuung begeistern können, geht

© Springer Fachmedien Wiesbaden GmbH, ein Teil von Springer Nature 2020
A. Sommese und M. Eberhard, *Finanzberatung für das digitale Zeitalter*, Edition
Versicherungsmagazin, https://doi.org/10.1007/978-3-658-28432-9_10

es an dieser Stelle um die Multiplikation dieser Eigenschaften, ohne dass Sie einen aktiven Beitrag dazu leisten. Denn es sind Ihre Kunden, die Sie weiterempfehlen und sie tun dies nach eigenem Ermessen nicht nur wie im analogen Zeitalter bei persönlichen Begegnungen mit Freunden, Arbeitskollegen und Bekannten, sondern vor allem auch in den sozialen Netzwerken. Der Tenor dort kann positiv, genauso gut aber auch negativ sein und in einen Shitstorm münden.

Denken Sie nur an die Möglichkeit eines unzufriedenen Kunden – aus welchem Grund auch immer – der seinem Ärger Luft machen möchte und eine negative Bewertung auf Ihre Facebook-Seite schreibt. Behalten Sie daher das Thema Empfehlung im Fokus Ihrer strategischen Ausrichtung und steuern Sie es so aktiv wie die anderen Bausteine der Roadmap. Institutionalisieren Sie diesen Bereich als Empfehlungsmanagement, wie es im Übrigen auch alle großen Unternehmen und Konzerne tun. Der oft gehörte und am Ende eines erfolgreichen Kundengesprächs angebrachte Satz "Empfehlen Sie mich weiter" reicht heute nicht mehr aus.

Überlegen Sie vielmehr, wie Sie Ihre Kunden dazu bringen Sie weiterzuempfehlen und arbeiten Sie mit diesen positiven Referenzen. Initiieren Sie ein Kunden-werben-Kunden-Programm auf Ihrer Webseite und Ihrem Online-Shop, das Sie mit einem attraktiven Incentiveprogramm befeuern. Belohnen Sie langjährige Kunden gleichermaßen für Ihre Treue.

Machen Sie es sich zur Gewohnheit, sich durch Ihre Kunden regelmäßig bewerten zu lassen – ob anlassbezogen nach einem längeren Gespräch mit einem wichtigen Abschluss oder periodisch einmal im Jahr. Die Ergebnisse können Sie dann in einem Kundenbarometer veröffentlichen. Oder Sie beauftragen bei entsprechender Größe einen externen Dienstleister wie zum Beispiel ein Marktforschungsinstitut, eine Umfrage unter den Kunden durchzuführen – natürlich nur, wenn Sie diese vorher DSGVO-konform um Erlaubnis gefragt haben. Die kleinere Variante ist, eine Bewertung auf einem Referenzportal abzugeben, das Sie in Ihre Webseite integrieren können. Dabei können Sie sich bei den Möglichkeiten des E-Mail-Marketings bedienen, indem Sie eine Kurzumfrage versenden, die nach Auswertung auf Ihrer Webseite erscheint. Bitten Sie darüber hinaus Facebook-affine Kunden, eine Bewertung über Sie abzugeben, ihre Informationen mit den Freunden zu teilen oder sie zu Ihren Fans zählen zu dürfen.

## 10.2   Empfehlungsmanagement institutionalisieren

Wenn Sie zu einem Kunden ein tieferergehendes, langjähriges Vertrauensverhältnis aufgebaut haben, können Sie ihn auch fragen, ob er Ihnen ein paar kurze Zeilen schreibt, warum er Ihre Beratungsleistung so schätzt. Wenn es die Offenheit des Kunden zulässt, können Sie auch einen professionellen Fotografen engagieren, der Fotos für die Webseite in Ihrem Büro macht. Natürlich überlassen Sie im Anschluss die Fotos dem Kunden unentgeltlich zur freien Verfügung, was in einer schriftlichen Erklärung geregelt ist, die beide Seiten unterschreiben. Die bebilderten Kurzstatements stellen Sie auf eine eigene Referenzenseite in Ihrem Internetauftritt.

Und natürlich sind auch die eigenen Kundenevents und Vorträge eine exzellente Möglichkeit, neue Kunden über ein Empfehlungsmanagement zu gewinnen. Motivieren Sie Ihre Bestandskunden dazu, Freunde und Bekannte zu den Veranstaltungen mitzubringen. Bieten Sie diese Option bereits auf Ihren Einladungen an und berücksichtigen Sie das im Vorfeld bei der Planung der Veranstaltung und der Raumkapazität.

Um entsprechende Anreize für Weiterempfehlungen zu geben, empfiehlt sich eine nach Anlagebetrag gestaffelte Regelung. War eine Weiterempfehlung erfolgreich und konnten Sie über sie einen neuen Kunden gewinnen, haben sich gestaffelte Wertgutschriften bewährt. Diese richten sich in Ihrer Höhe nach dem Anlagebetrag und starten bei 50 EUR ab 25.000 EUR Anlagebetrag bis zu 750 EUR bei einer Anlage von 250.000 EUR. Alternativ können Sie auch einen Gutschein über 100 EUR für ein exzellentes Restaurant oder ein Wellnesswochenende in einem Sternehotel vergeben. Versuchen Sie auch hier, so individuell wie möglich auf den Kunden einzugehen und ihm seine Leistung mit etwas zu vergüten, worüber er sich auch freut. Orientieren Sie sich bei Kunden mit einem höheren Geschäftsaufkommen nicht an Mainstream-Geschenken, sondern besser an den höherwertigen Standards, wie sie seit langem im exklusiven Private Banking üblich sind. So werden Sie sich auch hier merkbar von Ihren Mitbewerbern abheben und Ihr Profil schärfen können.

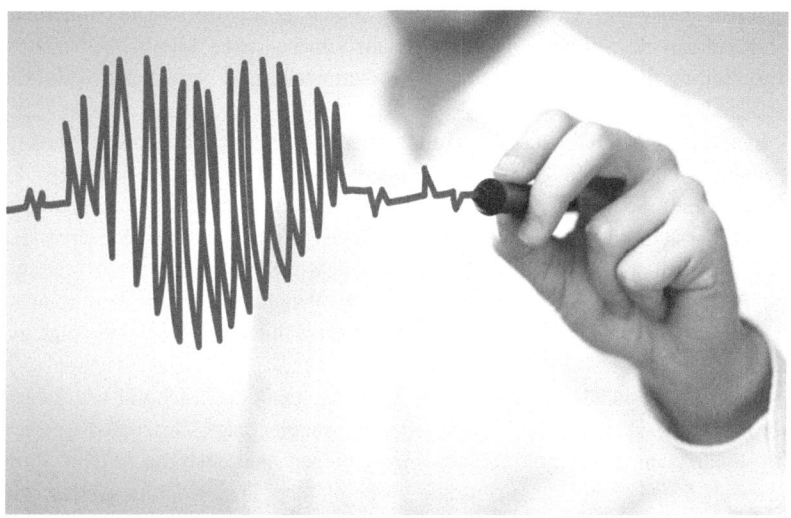

## 11.1 Allfinanz neu interpretiert

„Allfinanz – nichts halb, nichts ganz." Dieser Ihnen sicherlich bekannte Aus-
spruch wirft einen Blick auf die immerwährende Frage, welche Produkte und
Bereiche ein Finanzdienstleister anbieten sollte. Allfinanz ist heute ein verstaubter
und gemiedener Begriff, ein Synonym für gescheiterte Geschäftsmodelle aus dem

Bankensektor – häufig aufgrund von Kulturunterschieden zwischen Wertpapier- und Versicherungsgeschäft. Dies ist jedoch ein ganz anderes Thema. Ungeachtet dessen gewinnt die Überlegung einer ganzheitlichen Betreuung des Kunden in Finanzangelegenheiten eine neue Aktualität – und zwar aus zwei Gründen. Zum einen sind es die bekannten Verschiebungen zwischen den Geschäftsbereichen aufgrund der Regulierung – natürlich denken Sie hier zuerst an die Kapitallebensversicherung, die einige Versicherungsvermittler mit einer Zulassung nach § 34 d Gewerbeordnung (GewO) genau wie die Insurance Distribution Directive (IDD) dazu bringt, über neue Geschäftsfelder aus dem Finanzanlagenbereich nach § 34 f GewO oder in einem Haftungsdach nachzudenken. Zum anderen eröffnet die Digitalisierung mit dem Zugang zu bislang verschlossenen Informationen über die Vermögens- und Schuldenbilanz des Kunden – Stichwort ist der innerhalb der Roadmap beschriebene virtuelle Finanzordner – neue Möglichkeiten zum Cross-Selling für den Makler und eine bis dato unerreichte Servicedimension für den Kunden.

Es gilt also, den Allfinanzgedanken zu modernisieren und unter den Rahmenbedingungen der Digitalisierung neu zu interpretieren. Hier kommt die Netzwerkstatt ins Spiel. Spätestens, wenn Sie Ihr Netzwerk um solche Kontakte erweitert haben, die sich außerhalb der Branche bewegen – man denke an Steuerberater oder Wirtschaftsprüfer – sollten Sie überlegen, wie Sie im Sinne eines Umsatz- und Bestandsausbaus mehr aus solchen wertvollen Kontakten machen können. Netzwerke sind modern und werden nicht zuletzt durch ihre sozialen Namensvetter beflügelt.

In der Professionalisierungsstufe der Roadmap heißt dies, sich mit vertrauenswürdigen Spezialisten aus anderen oder sie tangierenden Geschäftsbereichen von Finanzdienstleistungen zusammenzuschließen und sich nach dem Prinzip „Geben und Nehmen" gegenseitig zu empfehlen. Darauf aufbauend können je nach Akquisekonzeption gemeinsame Aktionen wie Kundenveranstaltungen durchgeführt werden. Die möglichen Konstellationen für Kooperationen sind vielfältig. So können wie oben beschrieben der Investmentfondsspezialist und der Versicherungsmakler einen gemeinsamen Informationsabend zum Thema „Schenken und Vererben" veranstalten und zusätzlich einen Keynote Speaker aus einer Fachanwaltskanzlei für Erbrecht einladen. Damit wird die vielbeschworene Win-Win-Situation geschaffen, da die eingeladenen Kunden zu einem am Sachthema orientierten Informationsbedürfnis abgeholt werden.

Kein Kunde würde auf die Idee kommen, an diesem Abend an eine Verkaufsveranstaltung zu denken. Die Referenten treten vielmehr als Problemlöser auf – dass dabei ein latenter Bedarf an einer weitergehenden, individuellen Einzelberatung geweckt werden kann, liegt in der Natur der Sache und ist natürlich beabsichtigt.

Und denken Sie daran: Ein Live-Vortrag ersetzt neun von zehn Erstgesprächen Der Fachanwalt kann neue Mandanten gewinnen und sein fachliches Wissen im Rahmen des zu berücksichtigenden Datenschutzes (vgl. auch Abschn. 8.4) an seine Mitreferenten weitergeben wie auch umgekehrt. Für besonders versierte Kunden, die mit digitalen Medien noch intensiver vertraut sind, bieten sich Webinare, also über das Internet abgehaltene Seminare, an. Damit ist das Ende der kreativen Fahnenstange für Netzwerkkooperationen noch nicht erreicht. Im gemeinsamen Brainstorming mit Ihren Partnern werden Sie schon über die zahlreichen interdisziplinären Ansätze eine Fülle von Formaten entwickeln können, auf die Sie alleine nie kommen würden. Eine Netzwerkstatt ist damit eine willkommene Gelegenheit, das Einzelkämpfertum aufzugeben, von dem viele Makler noch beseelt scheinen, was aber nicht mehr zeitgemäß ist. Der Erfolg liegt in der intelligenten Bündelung von Kompetenzen und dies sollte ab sofort auch Ihr Grundsatz sein.

## 11.2 Intelligentes Outsourcing

Die strategische Frage, welche Produkte Sie selbst anbieten, und ab welchem Punkt Sie auf spezialisierte Partner aus Ihrer Umgebung zurückgreifen, lässt sich am einfachsten über Ihr Geschäftsmodell sowie über Ihre Planung und Positionierung – die beiden ersten Punkte der Roadmap – beantworten. Wer als Versicherungsmakler für Sach- und Personenversicherungen arbeitet, weiß, dass er nicht ohne Weiteres das Thema Betriebsrenten als sein Spezialgebiet bezeichnen kann, zumal dabei mit Unternehmen unterschiedlicher Größe ganz andere Kundenzielgruppen aus dem institutionellen Geschäft angesprochen werden. Die Beratung in betrieblicher Altersvorsorge erfordert eine intensive Einarbeitung und allein bei den Durchführungswegen eine Fülle von Detailwissen, sodass es auf einen Experten ausgelagert werden sollte, der sich ausschließlich damit beschäftigt. Das Gleiche gilt auch für die Immobilien- und Finanzierungsvermittlung nach § 34c Gewerbeordnung. Wenn Sie bereits eine Größenordnung erreicht haben, dass Sie für jedes Fachgebiet einen Spezialisten in Ihrem Büro haben, ist dies natürlich von großem Vorteil. Wer Vermögens- und Depotberatung, Immobilien- und Finanzierungsberatung mit Versicherungs- und Vorsorgeberatung unter einem Dach anbieten und alle Disziplinen über die übergeordnete Kompetenz der Finanzplanung verbinden kann, wird sich von seinen Mitbewerbern wirkungsvoll abheben können und einen ganz neuen Professionalisierungsgrad im Premiumsegment mit differenzierter Wahrnehmung durch die Kunden erreichen. Es versteht sich von selbst, dass dies bei entsprechender Qualität der gelieferten Leistungen positive Auswirkungen auf analoge und virale Weiterempfehlungen des Maklers haben wird.

Dennoch werden auch solche größeren Einheiten an den Punkt kommen, wo sie die Vorteile von Netzwerkkooperationen nutzen möchten. Der damit verbundene Zeitaufwand ist nicht zu unterschätzen. Denn Netzwerke sind ein überaus dynamisches Gebilde, das nicht nur gepflegt, sondern auch über neue Kontakte stetig erweitert werden muss. Legen Sie dabei hohe Qualitätsmaßstäbe an zukünftige Partner in puncto Fachkompetenz, Verlässlichkeit und Seriosität an, da es bei Netzwerkempfehlungen immer auch um Ihre eigene Reputation geht. Schauen Sie nach den Referenzen des Partners und machen Sie gegebenenfalls vorab einen Test außerhalb Ihrer Kunden, bevor Sie gemeinsam auftreten. Überlegen Sie, wie Sie die besten Konstellationen mit dem größten Nutzen für Ihre Kunden erreichen können und legen Sie auf diese Weise Ihre Auswahlkriterien fest.

Einen guten Vorabfilter kann Ihnen Ihr Maklerdienstleister liefern, bei dem mögliche Geschäfts- und Kooperationspartner – zum Beispiel für Kapitalanlagerecht, Baufinanzierung und Erbschaftsangelegenheiten in einer Liste gepflegt und anhand der Kriterien der Makler ausgewählt werden. Natürlich gibt es auch altbekannte Kooperationen mit Lohnsteuerhilfevereinen, die weiterhin ihre Berechtigung haben und erhebliches Neugeschäft generieren können. Die Devise lautet daher, das eine zu tun, das andere aber nicht zu lassen.

# Ideenschmiede 12

## 12.1 Kreatives Potenzial nutzen

Der Mensch ist ein Gewohnheitstier. Sein Charakter ergibt sich zu einem kleinen Teil aus erblichen Faktoren, zum größeren Teil jedoch durch seine Erziehung im Kindesalter und sein Wertesystem, was sich im Laufe des Erwachsenwerdens festigt und im Laufe des Lebens immer stärker zementiert wird. So liegt es in

© Springer Fachmedien Wiesbaden GmbH, ein Teil von Springer Nature 2020
A. Sommese und M. Eberhard, *Finanzberatung für das digitale Zeitalter,* Edition
Versicherungsmagazin, https://doi.org/10.1007/978-3-658-28432-9_12

der Natur der Sache, dass es im fortgeschrittenen Lebensalter immer schwieriger wird, dieses Wertesystem und die damit verbundenen Glaubenssätze zu korrigieren. Man kann in diesem Zusammenhang auch von Paradigmen sprechen, die jeder Mensch in sich trägt. Dieses Grundverständnis von Humanpsychologie hat für einen Finanzmakler eine große Bedeutung, um seine Kunden richtig einordnen zu können.

Denken Sie nur an die gesetzlich vorgeschriebene Risikoeinstufung vor dem Wertpapierkauf, aber auch an den weiteren Verlauf einer Kundenbeziehung und das damit verbundene Potenzial. Sie verstehen so besser, warum sich ein Kunden so entscheidet, wie er sich entscheidet, und wie Sie ihn überzeugen, statt zu überreden, wie es im Strukturvertrieb über Jahrzehnte hinweg üblich war (Abb. 12.1).

Das obige Modell hilft Ihnen aber auch, sich selbst zu verstehen. Dies ist wiederum notwendig, um innere Blockaden zu lösen und kreative Potenziale freizusetzen – auch an dieser Stelle sei wieder der berühmte innere Schweinehund genannt, der sie daran hindert, notwendige Veränderungen anzugehen. Wir wollen Ihnen dabei helfen, wie Sie so effektiv wie effizient neue Ideen entwickeln und diesen Prozess geplant und nicht zufallsgesteuert institutionalisieren konnen. Zu diesem Kapitel gehört Veränderungsmanagement als Disziplin für Führungskräfte

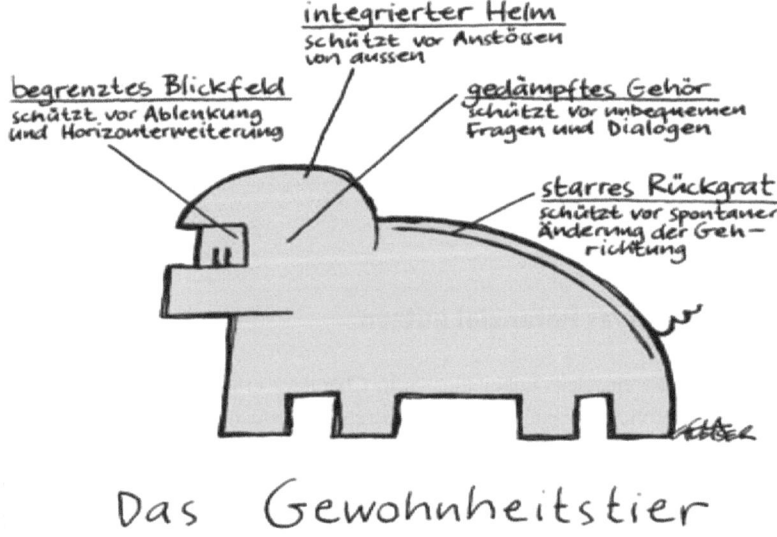

**Abb. 12.1**  Das Gewohnheitstier. (Quelle: eigene Darstellung)

und Unternehmer genauso, wie Benchmarking, bei dem Sie sich herausragende Makler und ihre zugrunde liegenden Erfolgsmodelle anschauen und von ihnen lernen.

## 12.2  Blick von außen

Hinterfragen Sie stets Ihr Vorgehen und Ihre Prozesse mit einem kritischen Blick von außen. Bauen Sie dies in Ihren Wochenplan ein. So können Sie zum Wochenausklang am Freitag ein locker geführtes Jour Fixe etablieren, bei dem Sie die Woche gemeinsam im Team Revue passieren lassen und die Dinge bilanzieren, die besonders gut gelaufen, aber auch solche aufführen, die weniger gut oder negativ verlaufen sind. Diese werden dann auf einem Flipchart oder in der digitalen Variante – auf einem Whiteboard – notiert und nach Lösungen gesucht, wie man es besser machen kann. Wichtig ist dabei eine konstruktive Gesprächskultur, die ohne jegliche persönliche Schuldzuweisungen arbeitet und sich nur an der Sache orientiert. Darüber hinaus sollte auch mindestens einmal im Jahr ein Offsite-Meeting außerhalb des Büros abgehalten werden, bei dem diese und weitere Inhalte vertieft und zu umsetzbaren Strategien weiterentwickelt werden – gegebenenfalls mit Beteiligung eines externen Moderators. Diese Instrumente und Techniken helfen, sich von Routine freizuschwimmen und einen kontinuierlichen Verbesserungsprozess am Laufen zu halten.

Genauso wichtig ist es, sich regelmäßig Input von außen zu holen. Über die Wirksamkeit von Kundenumfragen im Rahmen von Empfehlungen hatten wir bereits gesprochen. Auch hier gilt: Betrachten Sie sie als wertvolles Feedback Ihrer Kunden, das es verdient, systematisch ausgewertet zu werden. Aber auch der Blick der Branche auf Ihr Unternehmen liefert Ihnen Informationen, was Sie verbessern können. Treffen Sie sich hierzu in regelmäßigen Abständen mit dem Geschäftspartnerbetreuer Ihres Maklerdienstleisters und gehen Sie alle Punkte der Roadmap nacheinander durch. Notieren Sie den Status quo und die Schwachstellen aus beiden Perspektiven und suchen Sie gemeinsam nach Lösungen, die zu einem Maßnahmenplan führen, den Sie bis zum nächsten Meeting abarbeiten.

Erörtern Sie bei jedem folgenden Treffen, was erfolgreich umgesetzt wurde und wo es aus welchen Gründen noch klemmt. Tauschen Sie sich auch mit Ihren Branchenkollegen und den Netzwerkpartnern aus anderen Branchen aus. Maklerdienstleister bieten hier häufig spezielle Veranstaltungen an, um der organisierten Kommunikation zwischen den Maklerpartnern einen Rahmen zu bieten und sie zu fördern. Schauen Sie sich auch die Webseiten der Kollegen genau an, die bei der Umsetzung der Roadmap schon weit fortgeschritten sind oder den

Cross-Channel-Vertrieb im analogen wie im digitalen Bereich beherrschen. Vergleichen Sie, wie Ihre Kollegen die Kunden ansprechen und auf welchen Kanälen besonders erfolgreich sind. Überlegen Sie dann, was Sie daraus für Ihr Geschäftsmodell lernen können.

Dieses Benchmarking ist ein empfehlenswertes Managementtool, das Ihnen helfen wird, Ihr Unternehmen mit anderen Augen zu sehen und daraus kreatives Potenzial zu ziehen. Wir wissen, dass dieser Schritt manchen Kollegen, die als Einzelkämpfer seit vielen Jahren erfolgreich arbeiten, schwerfallen wird. Aber glauben Sie uns: Es wird sich lohnen, denn Sie müssen das Rad nicht neu erfinden. Die Digitalisierung zwingt zu größerer Transparenz, sodass allein schon ein Blick auf Ihre Webseite genügen wird, welches Konzept Sie als Finanzdienstleister mit welchen Ergebnissen verfolgen.

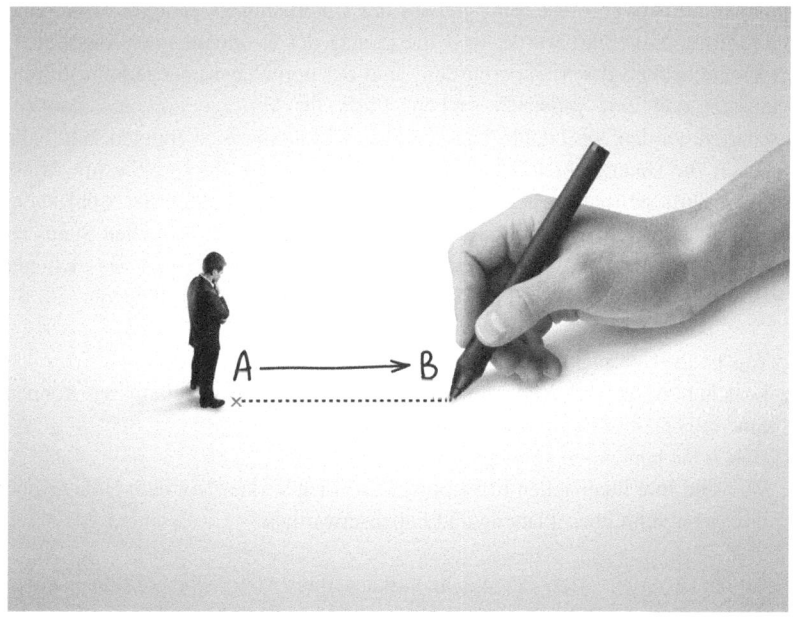

## 13.1 Exitstrategie

Angenommen, Sie sind im „besten Alter", wie es so schön heißt. Mit anderen Worten: Sie haben in den zurückliegenden Jahren Ihr Unternehmen konsequent aufgebaut, waren erfolgreich in der Kundenakquise und eigentlich braucht

Ihnen niemand zu erzählen, wie Sie Ihr Unternehmen optimieren können. Nehmen wir an, Sie sind 40 oder 50 Jahre alt und befinden sich auf dem Höhepunkt Ihrer beruflichen Karriere. Natürlich verschwenden Sie in diesem Alter noch keinen Gedanken an Ihren Ruhestand. Die deutschen Makler sind heute im Durchschnitt 51 Jahre alt. Die meisten von ihnen werden im Jahr 2032 in Rente gehen. Durchaus verständlich, aber jeder Unternehmer sollte rechtzeitig über eine Exit-Strategie verfügen. Selbst wenn es noch viele Jahre dauern wird, früher oder später werden Sie sich aus dem aktiven Erwerbsleben zurückziehen und Ihr Unternehmen vermutlich verkaufen wollen. Oder aber, Sie übergeben es an einen Nachfolger in der Familie. In beiden Fällen sollte Ihr Unternehmen optimal aufgestellt sein, effizient arbeiten und fit sein für die Zukunft. Nur dann können Sie einen attraktiven Preis beim Verkauf des Unternehmens erzielen. Wenn eine Maklerfirma so geführt wurde, dass die Punkte der Roadmap sowie die aktuellen Möglichkeiten der Risikoermittlung und der digitalen Kundenadministration umgesetzt und eine juristisch saubere Basis für Verträge und Außenauftritt geschaffen wurden, wird dafür ein attraktiver Verkaufspreis zu erzielen sein. Falls hingegen Ihr Unternehmen gerade noch so funktioniert, dass es Sie mit Mühe und Not wirtschaftlich in den Ruhestand schleppt, dann dürfen Sie wohl kaum auf gute Verkaufserlöse hoffen. Es gilt mithin, Ihren eigenen aktuellen Status zu hinterfragen und Optimierungschancen gezielt zu nutzen. Stellen Sie sich mit Blick auf Ihre Nachfolge- und Ruhestandsplanung die folgenden Fragen:

1. Was ist Ihr Unternehmen tatsächlich wert?
2. Bestehen Abhängigkeiten von Faktoren, die Sie nicht beeinflussen können (und falls ja, in welchem Maße)?
3. Haben Sie persönlich Vorsorge getroffen?
4. Was sind Ihre finanziellen Erwartungen an einen Verkauf vor dem Hintergrund Ihrer weiteren Lebensplanung und Lebenserwartung?

Natürlich ist es Ihr Ziel, bei einem Verkauf Ihres Unternehmens einen guten Preis zu realisieren. Um dieses Ziel zu erreichen, sollten Sie sich niemals in die „Komfortzone" zurückziehen. Agieren Sie, indem Sie mehr verkaufen und Ihr Unternehmen nach Möglichkeit schlanker und effizienter organisieren. Agieren geht vor reagieren. Denn wenn Sie erst durch Markt- oder Kundenveränderungen zum Handeln gezwungen werden, ist es meistens schon zu spät. Und noch einmal: Entwickeln Sie Ihre individuelle Exit-Strategie, auch wenn ein 40- oder 50-Jähriger verständlicherweise noch nicht übers Aufhören nachdenken möchte.

Aber je mehr Zeit Sie haben, um Ihr Unternehmen erfolgreich zu positionieren und damit auch dessen Marktwert zu erhöhen, desto besser. Eine mittel- bis langfristige Strategie mit guter Vorbereitung ist stets erfolgversprechender als Last-Minute-Aktionismus. So schaffen Sie die Voraussetzungen, dass alles nach Ihren Wünschen verläuft und Ihr Lebenswerk gekrönt wird. Und bedenken Sie: Ein Abgang kann auch unerwartet sein – etwa aus gesundheitlichen Gründen.

Zu den Vorbereitungen gehört, dass Sie den Wert Ihres Maklerbetriebs kennen und ihn nach objektiven Maßstäben begründen können. Keiner kauft gerne die Katze im Sack – Nachfolgeplanung heißt, die Fakten auf den Tisch zu legen und die Interessen des Verkäufers und Käufers zusammenzuführen. In der Realität sind Kauf und Verkauf mit zahlreichen Hürden verbunden. Auf der Käuferseite sind der Preis und Probleme bei der Finanzierung die größten Hürden. Makler als Verkäufer schätzen nicht selten den Wert als zu niedrig ein. Der Durchschnitt bei den über die Plattform „Marktplatz für Maklerbestände" vermittelten Beständen liegt derzeit etwa beim Ein- bis Dreifachen der Bestandscourtage.

Gehen Sie daher so vor, wie jeder professionelle Investor vorgeht, bevor er ein Unternehmen kauft: Bewerten Sie Ihr Unternehmen nach den Standards des Marktes von Wirtschaftsprüfungsgesellschaften für Unternehmenskäufe und Übernahmen. Je nach Größe sollten Sie überlegen, eine solche Kanzlei für eine umfassende Bewertung zu beauftragen. Am einfachsten ist dies derjenige Wirtschaftsprüfer, der Ihre nach dem Gewerberecht vorgeschriebene jährliche Prüfung der geschäftlichen Unterlagen anfertigt und bereits über einen Einblick in Ihre Zahlen verfügt. Aber mit einem guten Controllingtool sollten Sie auch selbst in der Lage sein, die für einen Bewertung entscheidenden Fragen zu beantworten:

- Wie hoch sind meine aktiven Einnahmen?
- Wie hoch sind meine passiven Einnahmen?
- Welche Kosten bringt das Unternehmen mit?
- Wie sieht mein Kundenbestand aus?
- Welche besonderen Risiken bringt mein Unternehmen mit, zum Beispiel Stornorisiko
- Welche historischen Wachstumsraten habe ich?
- Wie ist der Grad der Digitalisierung?
- Wie ist der Grad der Rechtssicherheit in meinem Bestand?
- Welche latenten Risiken lasten auf meinem Unternehmen?
- Habe ich die richtige Rechtsform?
- Wie bin ich auf veränderte rechtliche Rahmenbedingungen für mein Geschäftsmodell vorbereitet?

In die Unternehmensbewertung fließen auf der Einnahmenseite Einmalprovisionen aus dem Fonds- und Versicherungsbereich genauso ein wie Servicegebühren, Honorare und Bestandsvergütungen. Bei den Ausgaben sind es Personal-, Raum- und Kfz-Kosten, Versicherungs- und sonstige Beiträge sowie Gebühren für Software-Lizenzen. Der so ermittelte Unternehmenswert wird dem Kaufangebot des Käufers oder der Käufer gegenübergestellt und nach objektiven Maßstäben verglichen. Es zählt der effektive Kaufpreis nach Steuern – nicht der prognostizierte, sondern der tatsächlich realisierbare. Das gilt für Einmalzahlungen, Ratenzahlungen und Rentenvereinbarungen.

Eine besondere Aufmerksamkeit gilt bei Finanzdienstleistern dem Stornorisiko, für dessen Bewertung ein eigener Katalog existiert. Stichworte sind hier die rechtskonforme Regelung mit dem Versicherungspartner, die ratierliche Auszahlung, ein notarielles Schuldanerkenntnis und das Vorhandensein von wirksamen Bürgschaften. Ein weiterer Komplex ist der Datenschutz, der von einem potenziellen Käufer unter die Lupe genommen wird. Wie wird im zu verkaufenden Unternehmen allgemein und losgelöst von der DSGVO mit Daten umgegangen? Wie erfolgt die Unternehmensübergabe? Dabei ist zu beachten, dass eine Bestandsübertragung keine Gesamtrechtsnachfolge ist. Demnach ist die Einwilligung des Kunden via Vollmacht oder Maklervertrag notwendig. Wenn ein Makler „nur den Bestand übernimmt" ist die Datenweitergabe ohne Einwilligung rechtswidrig.

Notwendig ist also immer eine Gesamtrechtsnachfolge oder Weiterführung über eine GmbH nach § 20 I Nr. 1 Umwandlungsgesetz (UmwG). Ein Depotkunde und Versicherungsnehmer muss damit einverstanden sein, dass ein Betreuerwechsel stattfinden soll. Dieses Problem lässt sich bereits im Vorfeld über eine „Negativ-Erklärung" lösen. Und zwar handelt es sich um eine Vorabzustimmung mit Sonderkündigungsrecht im Fall einer Vertragsübernahme, die in den Vertragsunterlagen integriert ist. Eine solche Erklärung kann natürlich auch später jederzeit an den Kunden versendet werden. Die Zustimmung gilt als gegeben, wenn kein Widerspruch erfolgt.

Bedacht werden sollten vor allem auch die neben den steuerlichen Auswirkungen auch der zwischenmenschliche Aspekt einer Nachfolgeregelung zwischen Verkäufer und Nachfolger inklusive der Kundenbeziehungen und Verbindungen zu Partnern und Mitarbeitern. Ein zentraler Punkt ist auch die sorgfältige Prüfung der Bonität des Käufers vor dem Beginn von Verkaufsverhandlungen, um nicht unnötig Zeit in den falschen Kandidaten zu investieren und einen abrupten Abbruch zu riskieren.

## 13.2   Nachfolgeplanung für den Todesfall

Verstirbt ein Finanzmakler unerwartet, führt dies nicht nur bei den Angehörigen zu Trauer und einer Ausnahmesituation. Auch die rechtlichen und finanziellen Konsequenzen sind erheblich, sodass auch dieser Fall im Rahmen einer sorgfältigen Nachfolgeplanung unbedingt berücksichtigt werden sollte. Unsere Erfahrungen und Gespräche zeigen, dass dieser Worst-Case in den seltensten Fällen ein Plan B existiert und in der Maklervereinbarung die Vererblichkeit der Vertragsbeziehung geregelt ist. Daher erlischt mit dem Tod des Maklers auch die Maklervereinbarung, sodass das Ende des Maklerunternehmens besiegelt ist. Für den Fall, dass der Makler mit verschiedenen Kunden anders lautende Maklervereinbarungen geschlossen hat und eine direkte einzelfallbezogene Zuordnung nicht möglich ist, muss der Vertragsstatus für jeden Kunden einzeln geprüft werden.

Hinzu kommen die Vertragsbedingungen der Produktgeber zu den todesfallbedingten Bestandsübertragungen, die die Unsicherheit noch verstärken. Die Angehörigen des verstorbenen Maklers leiden am stärksten unter diesen Verhältnissen, wenn Vergütungsansprüche von Produktgebern von heute auf morgen erlöschen. So kann ein Vergütungsanspruch beispielsweise mit dem todesfallbedingten Verlust der Gewerbeerlaubnis erlöschen. Falls sich Erben, Maklerdienstleister und Produktlieferanten nicht auf eine außergesetzliche Übertragung der Bestände an einen Erben, Käufer oder Nachfolger einigen können, werden die Hinterbliebenen regelmäßig leer ausgehen.

Vollständig dem Untergang geweiht ist ein Unternehmen, wenn die Mitglieder von Erbengemeinschaften konträre Interessen verfolgen. Zudem existiert neben dem vertraglichen noch ein weiteres Problem aus dem Datenschutz. Erben dürfen personenbezogene Daten weder einsehen noch speichern. Es muss daher sichergestellt werden, dass Depotkunden und Versicherungsnehmer damit einverstanden sind, dass ein Betreuerwechsel stattfindet. Anders sieht es bei einer GmbH aus, wenn diese im Rahmen eines Share-Deals veräußert wird. In diesem werden nur die Gesellschaftsanteile und nicht der Kundenbestand übertragen, sodass der Datenschutz nicht betroffen ist.

Die richtige Vorgehensweise ist daher, bereits zu Lebzeiten einen Anwalt oder Notar zu beauftragen und für den Krankheits- oder Todesfall eine detaillierte Regelung zu treffen. Die Industrie- und Handelskammern etwa halten hierzu spezielle Notfall-Handbücher bereit, um den jeweiligen Makler sowie die Geschäftspartner, Mitarbeiter, Kunden und Angehörige rechtzeitig vorbereiten zu können – siehe auch „Praxistipp Notfall-Handbuch" im ersten Kapitel zur Planung.

Die Fragestellungen nach Eintritt eines solchen Ereignisses sind vielfältig – die sind nicht nur juristischer Natur, sondern betreffen familiäre Interessen genauso wie die strategische Nachfolgeplanung und die treuhänderische Absicherung des Maklerunternehmens. Eine Treuhandkonstruktion ist vor allem dann sinnvoll, wenn die Erben aufgrund mangelnder Branchenerfahrung nicht in der Lage sind, einen Nachfolgeprozess durchzuführen.

## 13.3    Verkauf an einen Bestandskäufer

Eine Möglichkeit für den Makler, den Bestand schnell und unkompliziert zu verkaufen, ist der Weg über einen institutionellen Bestandsaufkäufer. Dieser Weg ist sicherlich der bequemste, muss aber nicht der beste und finanziell gesehen der lukrativste sein. Denn Bestandskäufer preisen in ihre Angebote verhältnismäßig hohe Sicherheitsabschläge ein. Professionelle Bestandskäufer bieten den Vorteil, dass sie ihr Angebot in der Regel schneller als ein übernahmewilliger Einzelmakler abgeben können. Ihre breite Erfahrung sowie eingespielte Abläufe mit Punkt für Punkt abzuarbeitenden Due-Diligence-Checklisten und die IT-Infrastruktur ermöglichen auch kurzfristige Übernahmen.

Dennoch ist Vorsicht geboten, da sich in diesem Markt einige schwarze Schafe tummeln, die erst nach dem Verkauf ihre wahren Absichten erkennen lassen. Bestände, die entgegen dem Interesse der Kunden mehrmals umgedeckt werden, konstruierte Vorwürfe gegenüber dem Verkäufer über angeblich unvollständige Angaben bei den Vertragsverhandlungen und Pflichtverletzungen bei der Übergabe sind nur ein Ausschnitt daraus. Nicht selten werden in der Folge vereinbarte Kaufpreisraten gestrichen oder hohe Regressforderungen gestellt. Bei einem solchen unseriösen Käufer bleibt häufig nur eine kostspielige juristische Auseinandersetzung. Um dies zu vermeiden, sollte auch der verkaufende Makler unter den Bestandskäufern eine Due-Diligence-Prüfung durchführen und die Grundlagen der Prognoserechnung mit Provisionssätzen und der angenommenen Übertragungsquote der courtagepflichtigen Verträge der verschiedenen Kaufanbieter auf einen gemeinsamen Nenner bringen. Zu klären ist, ob Folgeverträge aus Umdeckungen vergütet oder diese mit der Umdeckung aus der Abrechnung herausfallen. Werden auch Verträge nach der Übergabe vergütet, wenn der Käufer zum reinen Korrespondenzmakler wird? Wir empfehlen zudem, Kaufpreisraten und den Zahlungseingang auf die Eintrittswahrscheinlichkeit zu überprüfen.

## 13.4    Alternativmodell Maklerrente

Haben Sie schon einmal über eine Maklerrente als Alternative zu einem Komplettverkauf gegen Einmalzahlung nachgedacht? Bei der Maklerrente übergeben Sie Ihre Bestände an einen spezialisierten Dienstleister und erhalten im

Gegenzug eine lebenslange garantierte Rentenzahlung, die sogenannte Bestands-rente. Hierzu bewertet der Dienstleister den Bestand des Maklers nach einheit-lichen Kriterien und sucht aus einem Pool von Investoren, Unternehmen sowie etablierten oder jungen Maklern eine geeigneten Nachfolger. Unter Vermittlung des Dienstleisters wird anhand der vorliegenden Informationen eine monatliche Rentenzahlung zwischen den Parteien vertraglich vereinbart. Der Nachfolger bzw. die den Kundenbestand übernehmende Partei verpflichtet sich, die Kunden weiterhin zu betreuen. Während sich die Rentenmodelle institutioneller Bestands-aufkäufer an der Entwicklung der Bestandscourtage des übergebenen Bestands orientieren und eine Quote – zum Beispiel 30 % vom Ertrag – anbieten, über-nehmen die klassischen Nachfolger meist das ganze Unternehmen. Im letzten Fall kann die Rentenzusage je nach Vertragsmodalitäten über eine Wertsicherungs-klausel angepasst werden.

Hierzu ein Beispiel: Im ersten Jahr nach Niederlegung der Lizenz erhält der Makler 100 % der anfallenden Abschlussfolgecourtagen und Servicegebühren aus seinem Kundenstamm weiter ausbezahlt. Im zweiten Jahr reduziert sich der Satz auf 75 %, im dritten Jahr auf 70 % und im vierten Jahr auf 60 % bis schließ-lich im fünften bis siebten Jahr 50 % weitergereicht werden. Ab dem achten Jahr schließlich reduziert sich der Satz dauerhaft auf 40 %.

Sie als Makler können derartige Zahlungsreihen nach der Barwertmethode übersichtlich darstellen. Dabei wird die Summe der auf den heutigen Zeitpunkt mit dem jeweiligen Risikozins abgezinsten Zahlungen ermittelt. Je höher der Bar-wert einer Zahlungsreihe ausfällt und je realistischer die Eintrittswahrscheinlich-keit ist, umso attraktiver ist das Angebot.

▶   **Frühzeitige Nachfolgeplanung zahlt sich aus!** Egal, ob Sie den
    Komplettverkauf oder eine Maklerrente bei der Nachfolgeplanung
    anstreben: Stellen Sie frühzeitig die Weichen und binden Sie einen
    spezialisierten Dienstleister sowie einen Steuerberater oder Wirt-
    schaftsprüfer in den Prozess ein. Pools oder Maklerdienstleister haben
    häufig einen Ansprechpartner für diese Thematik und stehend Mak-
    lern beratend zur Seite. Insbesondere die steuerlichen Folgen einer
    Veräußerung bzw. Verrentung im Hinblick auf Freibeträge, Steuer-
    sätze und Versteuerungszeitpunkte und eine potenzielle Umsatz-
    steuerpflicht sind nicht zu unterschätzen. Erst wenn Zahlungen um
    die anfallenden Steuern, zu denen in einigen Fällen unerwarteter
    Weise auch die Umsatzsteuer gehören kann, bereinigt sind, werden
    sie wirklich prognostizierbar. Eine sorgfältige Einzelfallprüfung ist
    unumgänglich, wobei auch Risiken wie Stornoeffekte, eine Änderung

der Gesetzgebung oder Bonitätsverschlechterungen bzw. unternehmerische Fehlleistungen des Käufers und ihre Folgen auf die Nachhaltigkeit der Rentenzahlung berücksichtigt werden müssen. Zudem
sind auch Alternativen wie eine Unternehmenspacht oder Kombi-
Modelle aus Kaufpreiszahlung und Leibrentenmodell möglich.

# Bonus: Rechtliche Rahmenbedingungen 14

## von Rechtsanwalt Alexander Pfisterer-Junkert

## 14.1 Einleitung

Die Tätigkeit des Finanzmaklers oder auch Finanzanlagenvermittlers, wie der Beruf in den einschlägigen gewerberechtlichen Vorschriften bezeichnet wird, hat sich in den letzten Jahren und Jahrzehnten erheblich verändert. War die Kapitalanlagevermittlung früher noch wenig bis gar nicht gesetzlich geregelt, hat der allgemeine gesetzgeberische Trend zur Regulierung auch und gerade vor dieser Brache nicht halt gemacht.

Neben der Schaffung einer eigenen gesetzlichen Grundlage für die Zulässigkeit der Finanzlagenvermittlung in § 34f Gewerbeordnung (GewO), erfolgte Schritt für Schritt eine weitgehende inhaltliche Angleichung in Bezug auf die Pflichten eines Finanzdienstleistungsinstituts mit der umfassenden Erlaubnis zur Erbringung von Finanzdienstleistungen nach § 32 Abs. 1 Kreditwesengesetz (KWG). Dies hat nicht nur die persönlichen Anforderungen an die Finanzmakler erhöht, sondern auch sehr stark die organisatorischen Pflichten.

Hinzu kommt eine erhebliche Zunahme des Haftungspotenzials. Gerade die letzten Jahre, die geprägt waren vom medienwirksamen Scheitern verschiedener Kapitalanlageprodukte aus diversen Segmenten, haben eine ganze Industrie von sogenannten Anlegerschutzanwälten auf den Plan gerufen, die mithilfe einer über weite Strecken anlegerfreundlichen Rechtsprechung der Gerichte Schadensersatz für Anleger erstreiten wollen.

Nachfolgend sollen die gesetzlichen Rahmenbedingungen für freie Finanzanlagenvermittler skizziert und wesentliche Pflichten umrissen werden. Zusätzlich wird dargestellt, wo haftungsrechtliche Risiken bestehen und wie der Einzelne diese vermeiden kann.

© Springer Fachmedien Wiesbaden GmbH, ein Teil von Springer Nature 2020 105
A. Sommese und M. Eberhard, *Finanzberatung für das digitale Zeitalter,* Edition Versicherungsmagazin, https://doi.org/10.1007/978-3-658-28432-9_14

## 14.2    Zulassung

Wer in Deutschland umfassend zu Kapitalanlagen (sogenannten Finanzinstrumenten) beraten oder diese vermitteln will, benötigt eine Erlaubnis der Bundesanstalt für Finanzdienstleistungsaufsicht (BaFin) nach § 32 Abs. 1 KWG. Die Erlaubnis ist allerdings an sehr hohe persönliche, organisatorische und finanzielle Vorgaben geknüpft. So verlang das Gesetz bspw. ein Anfangskapital von mindestens 50.000 EUR für die Anlagevermittlung und 125.000 EUR für die Anlageberatung und eine Geschäftsleitereignung, die jahrelange Leitungsverantwortung in einer vergleichbar regulierten Einheit voraussetzt.

Der freie Finanzvertrieb agiert insoweit im Rahmen einer gesetzlichen Bereichsausnahme, die es ihm ermöglicht, mit einer gewerberechtlichen Erlaubnis nach § 34f GewO bestimmte Investmentanteile oder Vermögensanlagen nach dem Vermögensanlagengesetz (VermAnlG) zu vermitteln (vgl. Schulz 2018, S. 5 ff.). Die Beratung zu Aktien ist dabei allerdings bspw. nicht erlaubt.

Die gewerberechtliche Erlaubnis, die einer natürlichen oder juristischen Person erteilt werden kann, setzt für eine persönliche Eignung voraus, dass der Antragsteller nicht einschlägig vorbestraft ist und in geordneten Vermögensverhältnissen lebt. Zum Nachweis hinreichender Sachkunde sieht das Gesetz entweder eine von den Industrie- und Handelskammern (IHK) abgenommene Sachkundeprüfung oder eine einschlägige Berufsausbildung bzw. ein Studium vor.

Zuständig für das Erlaubnisverfahren sowie die Beaufsichtigung sind aktuell noch die IHKs, wobei gegenwärtig diskutiert wird, auch hier eine Zuständigkeit der BaFin zu begründen. Auf den Internetseiten der Handelskammern finden sich regelmäßig gut verständliche Leitfäden über das Antragsprozedere (exemplarisch ist die Seite der IHK zu Köln, https://www.ihk-koeln.de/Finanzanlagenvermittler. AxCMS, abgerufen am 11.09.2018).

## 14.3    Pflichten

Der Begriff des Finanzanlagenvermittlers dient im gewerberechtlichen Sinne als Oberbegriff für die Anlagevermittlung und die Anlageberatung. Eine trennscharfe Abgrenzung der beiden Alternativen ist in der Praxis regelmäßig nur schwer möglich, was gerade bei einer gerichtlichen Auseinandersetzung dazu führt, dass das Gericht regelmäßig von einer Anlageberatung, die umfassendere Pflichten nach sich zieht, ausgeht.

Auch wenn die Einordnung im Detail schwierig ist, lässt sich doch sagen, dass immer dann, wenn dem Kunden eine Handlungsempfehlung unterbreitet wird, auch von einer Anlageberatung auszugehen ist, wohingegen sich die Vermittlung letztlich in der Weiterleitung einer Willenserklärung des Kunden an die Fondsgesellschaft erschöpft. Gerade dann, wenn sich der Kunde hilfesuchend an den Finanzmakler wendet und dieser seine finanzielle Situation untersucht, um ihm einen individuellen Anlagevorschlag zu unterbreiten, ist von einer Beratungssituation auszugehen. Die weitverbreitete Annahme „Ich vermittle nur!", ist aus rechtlicher Sicht ein gefährlicher Irrglaube.

Welche Pflichten den Finanzmakler konkret treffen, ist in der Verordnung über die Finanzanlagenvermittlung (FinVermV) geregelt, die den Anforderungen für BaFin-regulierte Institute bei der Anlageberatung nach dem Wertpapierhandelsgesetz (WpHG) weitgehend entsprach. Zwischenzeitlich wurde das WpHG durch die Umsetzung der wichtigen MiFID II-Richtlinie umfassend neugeschrieben, eine entsprechende Angleichung der FinVermV wird noch für das letzte Quartal 2018 erwartet. Hier ist jedem Finanzmakler zu raten, seine Verträge und Protokolle anschließend zeitnah prüfen und ggf. überarbeiten zu lassen.

Welche Pflichten den Finanzmakler bei der Beratung oder Vermittlung konkret treffen, ergibt sich nicht nur aus dem Gesetz, sondern wird in hohem Maße durch die Rechtsprechung geprägt (vgl. Nastold 2016, § 34f GewO, Rn. 255 ff.). Tragender Grundsatz der Anlageberatung ist, dass sie anleger- und anlagegerecht sein muss. Um anlegergerecht zu sein, muss sich eine Beratung strikt an den persönlichen Verhältnissen des Anlegers orientieren; die anlagegerechte Beratung setzt voraus, dass dem Kunden die produktbezogenen Informationen vermittelt werden, die für eine eigenverantwortliche Anlageentscheidung benötigt werden.

Zwingend ist also im Vorfeld eine umfassende und zu dokumentierende Exploration des Kunden sowie anschließend eine Aufklärung über das empfohlene Produkt, die mündlich oder durch Unterlagen erfolgen kann. Da nach der Rechtsprechung (vgl. u. a. BGH, Urteil vom 19.10.2017 – III ZR 565/17, auch zur Frage der Beweislast) insbesondere die rechtzeitige Aushändigung von Prospektunterlagen vor der Zeichnung als pflichtgemäße Aufklärung akzeptiert wird, ist besonderer Wert darauf zu legen, dass Abschlüsse nach Möglichkeit in mehreren Terminen mit bestenfalls zweiwöchigem Abstand erfolgen, wobei im ersten Termin nachvollziehbar dokumentiert der Prospekt ausgehändigt wird. Mündliche Aussagen, die sich in Widerspruch zum Prospektinhalt setzten oder Risikohinweise relativieren bzw. verharmlosen, sind zu unterlassen. Über die Beratung ist zwingend ein schriftliches Beratungsprotokoll anzufertigen, welches gerade bei einem Prozess viele Jahre nach der Zeichnung ein wesentliches Beweismittel sein kann.

Hier ist gegenwärtig noch offen, ob auch die Finanzmakler eine schriftliche Geeignet-heitserklärung anstelle des Beratungsprotokolls abgegeben müssen. Dies wird sich mit der neuen FinVermV klären.

Zentrales Thema der Finanzanlagenvermittlung ist ferner die Aufklärung über Zuwendungen. Neben einer grundsätzlichen Aufklärung über die Annahme von Zuwendungen im Vorfeld, verlangt das Gesetz bzw. § 17 der FinVermV zwi-schenzeitlich eine umfassende Offenlegung der Zuwendungen (vgl. Will 2016, § 34f Rn. 168). Darauf ist strikt zu achten. Alternativ sieht das Gesetzt mit § 34h GewO jetzt die Möglichkeit der Honorar-Finanzanlagenvermittlung (vgl. Schön-leiter o. J.) vor, die vollständig ohne Zuwendungen auskommt und honorarba-siert vergütet wird. Ein Nebeneinander der beiden Erlaubnisvarianten bei einem Gewerbetreibenden ist im Gesetz nicht vorgesehen.

Entwickelt sich eine Kapitalanlage nicht wie erhofft, ruft dies regelmä-ßig Anlegerschutzanwälte auf den Plan, die bspw. über das Internet Mandanten akquirieren und ihnen eine Rückabwicklung der Kapitalanlage in Aussicht stel-len. Ist der Kunde zusätzlich rechtsschutzversichert, kommt es häufig zur Klage. Durch verschiedene prozessuale Besonderheiten muss der Finanzmakler faktisch beweisen, dass seine Tätigkeit pflichtgemäß erfolgte und er insbesondere anleger- und anlagegerecht beraten hat. Hier sind eine umfassende schriftliche Dokumen-tation sowie saubere Archivierung Trumpf.

## 14.4  Haftungsvermeidung

Trotz der zwischenzeitlich vorgeschriebenen Vermögensschadenhaftpflicht bleibt die Finanzmakelei ein höchst haftungsträchtiges Tätigkeitsgebiet, das vor dem Hintergrund einer drohenden vollständigen Rückabwicklung Jahre nach der Beteiligung mit erheblichem Schadenspotenzial einhergeht. Gerade dann, wenn ein Totalverlust eintritt oder Prospektmaterialien fehlerhaft waren, besteht das Risiko, dass eine gehäufte Inanspruchnahme von der Versicherung nicht mehr abgedeckt ist.

Ohnehin geschuldet, aber auch zwingend angeraten ist eine umfassende Plau-sibilitätsprüfung der empfohlenen Produkte. Der Finanzmakler soll nur Produkte verkaufen, die er selbst versteht und (selbst) auf ihre Tragfähigkeit hin geprüft hat.

Der Finanzmakler, der als Selbstständiger seinem Kunden gegenüber-tritt, haftet grundsätzlich persönlich mit seinem gesamten Vermögen, wenn die Versicherung berechtigt die Deckung versagt (bei einer nicht berechtigten

Deckungsverweigerung sollte zeitnah über die Erhebung einer Deckungsklage nachgedacht werden). Es ist deshalb aus Vermögensschutzgesichtspunkten zu empfehlen, die Tätigkeit als haftungsbeschränkte juristische Person, bspw. als Gesellschaft mit beschränkter Haftung (GmbH) zu erbringen. Auch nachträglich kann eine Umwandlung zur Haftungsbeschränkung Sinn machen.

Auch ist bei selbstständigen Unternehmern großer Wert auf eine Absicherung und Regelung des privaten Umfeldes zu legen, sodass ein individuelles Testament bzw. ein Ehevertrag Pflicht sind. Bei der Umsetzung sind selbstredend die Besonderheiten der Branche zu berücksichtigen.

Selbst die beste Beratung und sauberste Dokumentation kann eine Inanspruchnahme nicht abschließend verhindern. Die Erfahrung zeigt, dass sich dann leider die wenigsten Kunden durch eine direkte Kommunikation mit ihren Finanzmakler noch von ihrem Klagebegehren abbringen lassen, gerade wenn bereits ein Kundenanwalt eingeschaltet wurde. Halten Sie die allgemeine Kommunikation hoch, ohne jedoch auf den konkreten Vorwurf einzugehen. Kundenanwälte sind darauf spezialisiert, solche Äußerungen, die eigentlich nur gut gemeint sind, im Prozess für ihre Mandanten zu nutzen.

Wenden sie sich besser zeitnah an einen anwaltlichen Spezialisten für Finanzmakler, der sie auch bei der zeitnahen Meldung gegenüber der Versicherung unterstützen kann. Dringend abzuraten ist in jedem Fall davon, Inanspruchnahmen zu ignorieren, da es im schlimmsten Fall zu gerichtlichen Entscheidungen (Mahnbescheid oder Versäumnisurteil) kommen kann, die nur noch bedingt zu beseitigen sind.

## Literatur

Nastold, U. (2016). Finanzdienstleistungen. In M. Martinek, F.-J. Semler, & E. Flohr (Hrsg.), *Handbuch des Vertriebsrechts* (4. Aufl.). München: Beck.

Schönleiter, U. (o. J.). § 34h Rn. 12 ff. In R. v. Landmann & E. Rohmer (Hrsg.), *Gewerbeordnung und ergänzende Vorschriften: GewO*. München: Beck.

Schulz, S. (2018). Erlaubnispflicht für Finanzdienstleistungsinstitute, insbesondere Zulassung für die Anlageberatung und Besonderheiten für freie Finanzdienstleister. In J. Ellenberger & P. Clouth (Hrsg.), *Praktikerhandbuch Wertpapier und Derivategeschäft* (5. Aufl.). Heidelberg: Finanz Colloquium.

Will, M. (2016). § 34f. Rn. 168. In J.-C. Pielow (Hrsg.), *Beck'scher Online-Kommentar Gewerbeordnung* (33. Aufl.). München: Beck.

The manufacturer's authorised representative in the EU is Springer
Nature Customer Service Centre GmbH, Europaplatz 3, 69115 Heidelberg,
Germany. If you have any concerns regarding our products, please
contact ProductSafety@springernature.com

Printed and bound by CPI Group (UK) Ltd, Croydon, CR0 4YY
28/04/2026
02098481-0005